영어 실력이 쑥쑥 자라는

SKY 스카이

초등영어

첫걸음

개정판

영어 실력이 쑥쑥자라는

SKY 초등영어 첫걸음 [개정판]

2005년 4월 9일 초판 1쇄 발행
2024년 11월 15일 개정 1쇄 인쇄
2024년 11월 20일 개정 1쇄 발행

지은이 이동호 · Lina
그림 이경
펴낸이 이규인
펴낸곳 국제어학연구소 출판부

출판등록 2010년 1월 18일 제302-2010-000006호
주소 서울특별시 마포구 대흥로4길 49, 1층(용강동 월명빌딩)
Tel (02) 704-0900 **팩시밀리** (02) 703-5117
홈페이지 www.bookcamp.co.kr
e-mail changbook1@hanmail.net
ISBN 979-11-9875876-7 13740
정가 16,800원

영어 실력이 쑥쑥 자라는

SKY 스카이 초등영어 첫걸음

개정판

글 Lina, 이동호 | 그림 이경

ILR 국제어학연구소

어린 아이들이 우리말을 하는 과정을 살펴보면 어느 날 갑자기 자신의 의견을 또박또박 표현하기 시작합니다. 이처럼 갑자기 말문이 트이기 시작하기 전의 일정한 기간을 침묵기간(Silent Period)이라 합니다.

영어를 습득하는 과정도 마찬가지입니다. 처음부터 영어를 잘하게 되는 것이 아니라, 상당한 시간 영어를 받아 들이는 기간이 필요합니다. 어느 정도 시간이 지나면 아이들은 영어를 편안히 느낄 수 있는 단계에 이르고, 어느 순간 영어로 자신의 생각을 표현하기 시작합니다.

우리나라와 같은 EFL(English as a foreign language)* 환경에서는 이러한 침묵기간이 더 오래 필요하게 됩니다. 또한 침묵기간 동안 상당한 노력을 기울여 단어도 외우고, 영어의 문장구조도 익히고, 필요하면 문장도 외우는 노력을 하여야 합니다. 어린이들에게는 이러한 '침묵기간'이 길고 지루하고 힘들게 느껴질 것입니다. 이때 부모님들이 옆에서 이러한 상태에 있는 아이들을 잘 인도하여야 합니다.

본 교재는 영어를 처음 접하는 초등학교 어린이들을 염두에 두고 개발된 시리즈입니다. 이 책에서 제시한 대로 영어를 익히다 보면 어느 순간 말문이 트이게 되는 경험을 하게 될 것입니다.

* ESL & EFL 영어를 배우는 환경은 ESL과 EFL환경이 있다. ESL(English as a second language) 환경은 영어에 24시간 노출되어 영어를 자연스럽게 터득할 수 있는 조건이 갖춰진 상태의 환경을 말하고, EFL(English as a foreign language) 환경은 영어에 제한된 시간만(주로 영어수업시간) 노출되어 영어를 인위적으로 익혀야만 하는 환경을 말한다. 우리나라와 같은 상황이 EFL환경이다. 본 시리즈는 영어를 외국어로서 배우는 이러한 EFL환경을 염두에 두고 개발된 것이다.

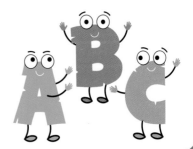

차례

5. 영어 단어 익히기

6. 영어 문장 익히기

부록 – 영어로 나의 이름쓰기

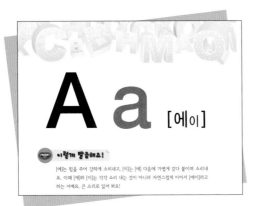

알파벳 익히기

알파벳 대문자, 소문자를 쓰면서 익히는 코너입니다. 각 알파벳으로 시작하는 단어를 그림과 함께 익힐 수 있어 재미있게 공부할 수 있습니다.

알파벳 필기체 익히기

알파벳의 필기체는 쓰기도 힘들고 읽기도 어렵습니다. 필기체 펜맨십을 통해 익혀 놓으면 중학생이 되어서도 효과적으로 활용할 수 있어 좋습니다.

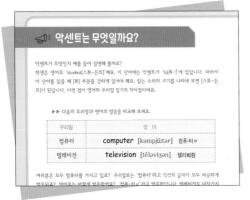

악센트와 억양 익히기

우리말과 다르게 영어에만 있는 악센트와 억양을 익히는 코너입니다. 악센트와 의문문, 평서문의 읽기를 배우며 자연스럽게 억양을 익히게 됩니다.

발음 기호 익히기

발음 기호를 읽을 줄 알아야 모르는 단어를 사전에서 찾아 읽고 뜻을 이해할 수 있습니다. 영어 발음 기호를 하나하나 익힐 수 있게 구성했습니다.

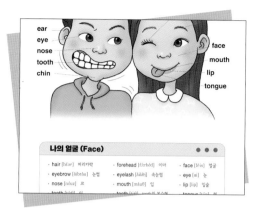

영어 단어 익히기

알파벳부터 발음 기호, 악센트 등을 모두 익힌 기초를 바탕으로 영어 단어를 그림과 함께 배우는 코너입니다. 주제별로 되어 있어 쉽고 재미있습니다.

영어 문장 익히기

영어 기초 공부의 완성단계입니다. 지금까지 배운 영어 지식을 바탕으로 직접 말하고 쓰는 법을 배우게 됩니다. 부모님과 자녀가 함께 읽고 대화하면 좋습니다.

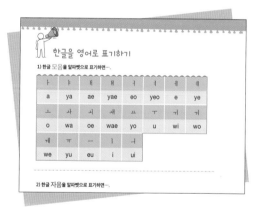

부록- 영어로 나의 이름 쓰기

한글의 영어 표기를 모두 수록했습니다. 표기법에 따라 자신의 이름을 영어로 써 보고 익히면, 영어에 친밀감을 느끼고 활용하는 방법을 배우게 됩니다.

MP3 다운로드

알파벳과 관련 단어, 발음 기호와 관련 단어, 영어 단어 익히기, 영어 문장 익히기 코너를 영어권 선생님이 녹음하여 정확한 발음을 배울 수 있습니다.

9

영어 우등생을 위한 지도법

1.알파벳부터 차근차근 배우기

영어에 친숙해지기 위해서는 알파벳 대문자와 소문자를 확실하게 익히는 것이 중요해요. 따라서 책에 있는 펜맨십 코너에서 반드시 써 보고 암기하도록 지도해 주세요. 이 책에는 알파벳 필기체 펜맨십도 있어요. 지금 당장은 어렵고 별 필요를 느끼지 못하지만 중학교에 가서 또 배우게 되므로 처음부터 익혀 두면 좋답니다. 만약에 기본 알파벳과 혼동을 느끼고 어려워한다면 일단 기본 알파벳을 완전히 익힌 후에 다시 학습하도록 지도해 보세요.

2.수록된 단어는 모두 암기하기

알파벳과 발음 기호를 설명하기 위해 예를 든 단어들을 모두 암기하고 넘어가도록 지도해 주세요. 이러한 단어들을 암기하면서 알파벳과 발음 기호에 익숙해지기 때문이에요. 알파벳과 발음 기호 하나하나를 무리하게 단독으로 암기하게 하는 것보다 영어 단어를 통해 자연스럽게 익히게 하는 것이 훨씬 효과적이랍니다.

3.책의 구성에 따라 진도 나가기

이 책은 알파벳부터 발음 기호, 악센트, 단어, 문장을 순서대로 학습하도록 배열하였어요. 영어를 한꺼번에 주입식으로 가르치면 금세 싫증을 내거나 영어 자체를 기피하게 된답니다. 영어에 재미를 느끼게 하려면 쉽고 간단하게 시작해서 점점 영어 문장 자체를 이해하도록 하는 것이 중요해요. 이러한 학습 지도법에 준하여 영어 첫걸음을 구성하였으므로 차례대로 꾸준히 공부하게 하는 것이 좋아요. 학습 가이드 스티커 등을 통해 책을 처음부터 끝까지 마스터할 수 있게 지도해 주세요.

한글 독음 표기법

영어 발음을 한글로 정확하게 표기하기는 어려워요.
이 책에서는 가장 유사한 독음에 맞춰 한글로 표기하였으므로 발음 시에 참고 자료로만 활용하세요.

1. [r] 발음 표기 – [ㄹ]로 표기했어요.

'r'은 혀를 굴려서 내는 소리예요. 한국어에는 없는 소리이기 때문에 한국인이 발음하기에
무척 까다롭답니다. 이 책에서는 [r] 발음을 해야 하는 곳에 [ㄹ]을 한글 독음으로 달아 놓았어
요. [ㄹ] 표기가 있는 부분은 혀를 굴려 소리 내어 보세요.

> 예 star [스타-ㄹ] 별　　　　⋯➔ 'ㄹ' 표기 부분에서 혀를 굴려 발음해요.

2. [f] 발음 표기 – [p]음과 달라요.

'f'는 윗니로 아랫입술을 살짝 누르며 내는 소리예요. 따라서 [ㅍ]라고 발음되는 [p]와는 전
혀 다른 소리랍니다. 이것을 한글로 표기하기는 어려워요. 그래서 [f] 발음을 [p]음과 구별하
기 위해서 한글 표기를 다르게 했으니까 혼동하지 말아요.

> 예 father [퐈-더ㄹ] 아버지　　⋯➔ [파더]라고 읽지 않아요.

3. [v] 발음 표기 – [b]음과 달라요.

'v'는 윗니로 아랫입술을 살짝 누르며 내는 소리예요. 따라서 [ㅂ]라고 발음되는 [b]와는 전
혀 다른 소리랍니다. 이것을 한글로 표기하기는 어려워요. 그래서 [v] 발음을 [b]음과 구별하
기 위해서 한글 표기를 다르게 했으니까 혼동하지 말아요.

> 예 vase [붸이스] 꽃병　　　⋯➔ [베이스]라고 읽지 않아요.

4. [–] 장음 표기

영어에는 길게 발음해야 하는 모음들이 있어요. 이것을 장모음이라고 하는데 한글로는 표
현이 되지 않기 때문에 기호 '-'을 한글독음에 달아 장모음으로 발음해야 하는 부분을 표기했
어요. 장모음과 단모음이 있으므로 기호를 보며 확인해서 읽어요.

> 예 student [스튜-든트] 학생　　⋯➔ [튜] 부분을 길게 읽어요.

1. 알파벳 익히기

한글의 자음과 모음

우리나라 글자는 자음과 모음으로 이루어져 있어요. 자음에는 어떤 것들이 있을까요? ㄱ, ㄴ, ㄷ, ㄹ, ㅁ, ㅂ, ㅅ, ㅇ, ㅈ, ㅊ, ㅋ, ㅌ, ㅍ, ㅎ, 이렇게 14자가 있어요. 그럼 모음에는 어떤 것들이 있을까요? ㅏ, ㅑ, ㅓ, ㅕ, ㅗ, ㅛ, ㅜ, ㅠ, ㅡ, ㅣ, 이렇게 10자가 있어요. 우리 한글은 이러한 자음과 모음이 모여 글자를 만들도록 되어 있답니다.

영어의 자음과 모음

영어에도 한글과 같이 자음과 모음이 있어요. 영어의 자음에는 어떤 것들이 있을까요? B, C, D, F, G, H, J, K, L, M, N, P, Q, R, S, T, V, W, X, Y, Z, 이렇게 21자가 있어요. 그럼 영어의 모음에는 어떤 것들이 있을까요? A, E, I, O, U, 이렇게 5자가 있어요. 영어의 자음 21자와 모음 5자를 합친 26자를 알파벳이라고 불러요.

알파벳의 대문자와 소문자

알파벳은 대문자와 소문자가 있어요. 알파벳 대문자를 한번
알아볼까요? A, B, C, D, E, F, G, H, I, J, K, L, M, N, O, P,
Q, R, S, T, U, V, W, X, Y, Z, 이렇게 쓰는 것이 대문자예요.
그럼 소문자는 어떻게 쓸까요? a, b, c, d, e, f, g, h, i, j, k, l,
m, n, o, p, q, r, s, t, u, v, w, x, y, z, 이렇게 쓴답니다. 모양
이 다르니까 모두 알아두어야 해요.

이제 A부터 Z까지 알파벳을 하나하나 익힐 거예요. 책의 순
서대로 차근차근 익히면 알파벳을 자신 있게 읽고 쓸 수 있
게 된답니다. 끝까지 재미있게 공부해 봐요.

알파벳 그림표

Aa
에이

Bb
비-

Cc
씨-

Dd
디-

Ee
이-

Ff
에프

Gg
쥐-

Hh
에이취

I i
아이

Jj
줴이

Kk
케이

Ll
엘

Mm 엠	**Nn** 엔	**Oo** 오우
Pp 피-	**Qq** 큐-	**Rr** 아-르
S s 에스	**Tt** 티-	**Uu** 유-
V v 브아-	**Ww** 더블유	**Xx** 엑스
Yy 와이	**Zz** 즈-	

A a [에이]

 이렇게 발음해요!

[에]는 힘을 주어 강하게 소리 내고, [이]는 [에] 다음에 가볍게 갖다 붙이며 소리 내요. 이때 [에]와 [이]는 각각 소리 내는 것이 아니라 자연스럽게 이어서 [에이]라고 하는 거예요. 큰 소리로 읽어 봐요!

 쓰면서 외워요!

대문자 A A A A A A A A

소문자 a a a a a a a a

A가 들어 있는 영단어

airplane 비행기

air + plane = airplane
[에어ㄹ] [플레인] [에어ㄹ플레인]

apple 사과

a + pple = apple
[애] [플] [애플]

ant 개미

an + t = ant
[앤] [트] [앤트]

B b [비-]

이렇게 발음해요!

입술을 가볍게 붙였다 떼면서 [비]를 강하고 길게 소리 내요. [비] 뒤의 표시 '–'는 장음 기호예요. 이런 기호가 붙어 있으면 [비이]라고 한 것처럼 들리도록 길게 발음하는 거예요. 큰 소리로 읽어 봐요!

쓰면서 외워요!

대문자 B B B B B B B

소문자 b b b b b b b

18

B가 들어 있는 영단어

banana 바나나

ba + na + na = banana
[버] [내] [너] [버내너]

bear 곰

be + ar = bear
[베] [어리] [베어리]

boy 소년

bo + y = boy
[보] [이] [보이]

19

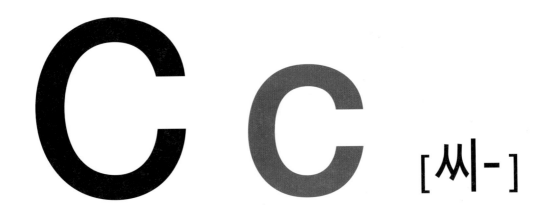

C c [씨-]

 이렇게 발음해요!

입술을 길게 늘리고, 윗니와 아랫니 사이에서 내는 소리예요. 이를 맞대고 [씨]라고 강하고 길게 발음해요. '-'는 장음 기호로 [씨이]라고 들리도록 길게 발음하는 거예요. 큰 소리로 읽어 봐요!

 쓰면서 외워요!

대문자
C C C C C C C

소문자
c c c c c c c

20

C가 들어 있는 영단어

camera 카메라

ca + me + ra = camera
[캐] [머] [뤄] [캐머뤄]

clock 시계

cl + ock = clock
[클] [악] [클락]

computer 컴퓨터

com + pu + ter =
[컴] [퓨-] [터리]

computer
[컴퓨-터리]

D d [디-]

윗니와 아랫니를 약간 벌린 상태에서 혀끝을 윗니 뒤에 살짝 붙였다 떼면서 [디]라고 강하고 길게 발음해요. '-'는 장음 기호로 [디이]라고 들리도록 길게 발음하라는 뜻이에요. 큰 소리로 읽어 봐요!

쓰면서 외워요!

| 대문자 | D | D | D | D | D | D | D |

| 소문자 | d | d | d | d | d | d | d |

22

D가 들어 있는 영단어

dad   아빠

da + d = dad
[대]   [드]   [대드]

duck   오리

du + ck = duck
[더]   [ㄱ]   [덕]

drum   북

d + rum = drum
[드]   [럼]   [드럼]

23

E e [이-]

입술을 옆으로 약간 늘리고, 윗니 아랫니를 약간 벌린 사이로 [이]라고 강하고 길게 발음해요. '-'는 장음 기호로 [이이]라고 들리도록 길게 발음하라는 뜻이에요. 큰 소리로 읽어 봐요!

 쓰면서 외워요!

대문자

E E E E E E E E

소문자

e e e e e e e e

24

E가 들어 있는 영단어

eagle 독수리

ea + gle = eagle
[이-]   [글]   [이-글]

egg 달걀

e + gg = egg
[에]   [그]   [에그]

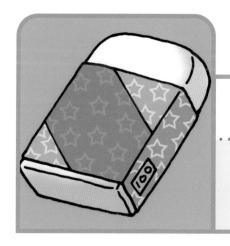

eraser 지우개

e + ra + ser = eraser
[이]   [뤠이]   [서르]   [이뤠이서르]

25

F f [에프]

 이렇게 발음해요!

[에]를 강하게 발음한 뒤, 윗니를 아랫입술에 살짝 대면서 [프]라고 발음해요. [에]와 [프]는 각각 소리 내지 않고 자연스럽게 이어서 [에프]라고 발음하는 거예요. 큰 소리로 읽어 봐요!

 쓰면서 외워요!

대문자 F F F F F F F

소문자 f f f f f f f f

26

F가 들어 있는 영단어

fish 물고기

fi + sh = fish
[퓌]   [쉬]   [퓌쉬]

finger 손가락

fin + ger = finger
[퓡]   [거리]   [퓡거리]

flower 꽃

fl + ow + er = flower
[플]   [아우]   [어리]   [플라우어리]

G g [쥐-]

 이렇게 발음해요!

입술을 내밀면서 [쥐]를 강하고 길게 발음해요. '–'는 장음 기호로 [쥐이]라고 소리 내는 것처럼 길게 발음하라는 뜻이에요. 큰 소리로 읽어 봐요!

 쓰면서 외워요!

대문자

G G G G G G

소문자

g g g g g g g

G가 들어 있는 영단어

giraffe 기린

gi + ra + ffe = giraffe
[쥐] [뢔] [프] [쥐뢔프]

grape 포도

g + ra + pe = grape
[그] [뤠이] [프] [그뤠이프]

guitar 기타

gui + tar = guitar
[기] [타-르] [기타-르]

29

H h [에이취]

 이렇게 발음해요!

[에]를 강하게 소리 내고, [이취]는 [에] 소리 다음에 약하게 붙여 발음해요. [에], [이], [취]는 각각 소리 내는 것이 아니라 자연스럽게 이어서 [에이취]로 발음하는 거예요. 큰 소리로 읽어 봐요!

 쓰면서 외워요!

대문자

H H H H H H H H H H

소문자

h h h h h h h h

H가 들어 있는 영단어

horse 말

hor + se = horse
[호-ㄹ] [스] [호-ㄹ스]

house 집

hou + se = house
[하우] [스] [하우스]

hospital 병원

hos + pi + tal = hospital
[하스] [피] [틀] [하스피틀]

31

I i

[아이]

 이렇게 발음해요!

[아]를 강하게 소리 내고, [이]는 [아] 소리 다음에 약하게 붙여 발음해요. [아], [이]는 각각 소리 내는 것이 아니라 자연스럽게 이어서 [아이]라고 발음하는 거예요. 큰 소리로 읽어 봐요.

쓰면서 외워요!

대문자	I						

소문자	i						

I가 들어 있는 영단어

ice 얼음

i + ce = ice
[아이] [스] [아이스]

insect 곤충

in + sec + t = insect
[인] [섹] [트] [인섹트]

ink 잉크

in + k = ink
[잉] [크] [잉크]

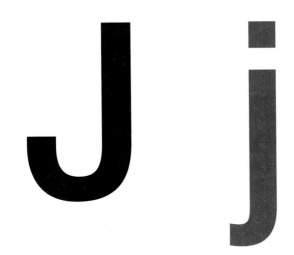

J j

[줴이]

이렇게 발음해요!

[줴]를 강하게 소리 내고, [이]는 [줴] 소리 다음에 약하게 붙여 발음해요. [줴], [이]는 각각 소리 내는 것이 아니라 자연스럽게 이어서 [줴이]라고 발음하는 거예요. 큰 소리로 읽어 봐요!

쓰면서 외워요!

대문자 J J J J J J J

소문자 j j j j j j j

J가 들어 있는 영단어

juice   주스

jui + ce = juice

[주-]   [스]   [주-스]

jungle   밀림

jun + gle = jungle

[정]   [글]   [정글]

jelly   젤리

jel + ly = jelly

[젤]   [리]   [젤리]

K k [케이]

 이렇게 발음해요!

[케]를 강하게 소리 내고, [이]는 [케] 소리 다음에 약하게 붙여 발음해요. [케], [이]는 각각 소리 내는 것이 아니라 자연스럽게 이어서 [케이]라고 발음하는 거예요. 큰 소리로 읽어 봐요!

 쓰면서 외워요!

대문자

소문자

36

K가 들어 있는 영단어

kangaroo 캥거루

kan + ga + roo =
[캥] [거] [루-]
kangaroo
[캥거루-]

kitchen 부엌

ki + tchen = kitchen
[키] [췬] [키췬]

Korea 대한민국

Ko + rea = Korea
[커] [뤼-어] [커뤼-어]

L l [엘]

 이렇게 발음해요!

혀끝을 윗니 바로 뒤의 입천장에 갖다 대고 [엘]이라고 강하게 소리 내요. 이때 받침 [ㄹ]은 혀를 고정시킨 채 강하게 발음하는 거예요. 큰 소리로 읽어 봐요!

쓰면서 외워요!

대문자

소문자

38

L이 들어 있는 영단어

lemon 레몬

le + mon = lemon
[레] [먼] [레먼]

lion 사자

li + on = lion
[라이] [언] [라이언]

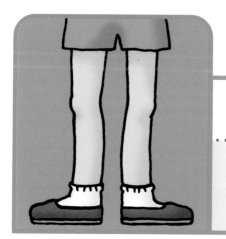

leg 다리

le + g = leg
[레] [그] [레그]

39

M m [엠]

 이렇게 발음해요!

입을 벌렸다 다물면서 [엠]을 강하게 소리 내요. [ㅁ]은 입을 닫은 상태에서 콧소리를 이용해서 발음하는 거예요. 이때 받침 [ㅁ]을 강하고 확실하게 소리 내요. 큰 소리로 읽어 봐요!

 쓰면서 외워요!

대문자

M M M M M M M

소문자

m m m m m m m

M이 들어 있는 영단어

mouse 생쥐

mou + se = mouse
[마우]　[스]　[마우스]

milk 우유

mil + k = milk
[밀]　[크]　[밀크]

mother 어머니

mo + ther = mother
[머]　[더ㄹ]　[머더ㄹ]

N n [엔]

이렇게 발음해요!

입술을 약간 벌리고, 혀끝을 윗니 뒤쪽 입천장에 대고 [엔]이라고 강하게 소리 내요.
[엠]의 소리는 입을 다물고 내는 소리이고, [엔]은 입술을 약간 열고 내는 소리예요.
큰 소리로 읽어 봐요!

쓰면서 외워요!

| 대문자 | N N N N N N N |

| 소문자 | n n n n n n n |

42

N이 들어 있는 영단어

night   밤

nigh + t = night
[나이]   [트]   [나이트]

number   숫자

num + ber = number
[넘]   [버리]   [넘버리]

novel   소설

no + vel = novel
[나]   [블]   [나블]

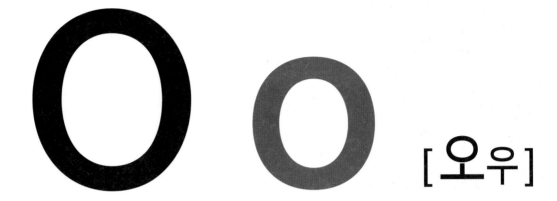

O o [오우]

이렇게 발음해요!

입술을 동그랗게 오므려 [오]를 강하게 소리 내요. [오] 소리 다음에 가볍게 붙여 [우]를 발음해요. [오]와 [우]는 각각 소리 내는 것이 아니라 자연스럽게 이어 [오우]라고 발음해요. 큰 소리로 읽어 봐요!

쓰면서 외워요!

대문자

O O O O O O O

소문자

o o o o o o o

44

O가 들어 있는 영단어

octopus 문어

oc + to + pu + s =
[악]　[터]　[퍼]　[스]

octopus
[악터퍼스]

orange 오렌지

o + ran + ge = orange
[어-]　[륀]　　[쥐]　　[어-륀쥐]

oil 기름

o + il = oil
[오]　[일]　[오일]

P p [피-]

 이렇게 발음해요!

입술을 약간 힘을 주어 붙였다 떼면서 [피]를 강하고 길게 소리 내는 거예요.
[피] 뒤에 붙은 장음 기호 '-'는 소리를 길게 내라는 표시예요.
큰 소리로 읽어 봐요!

 쓰면서 외워요!

대문자	P P P P P P P

소문자	p p p p p p p

46

P가 들어 있는 영단어

piano 피아노

pi + a + no = piano
[피] [애] [노우] [피애노우]

parrot 앵무새

pa + rrot = parrot
[패] [륏] [패륏]

potato 감자

po + ta + to = potato
[퍼] [테이] [토우] [퍼테이토우]

Q q [큐-]

 이렇게 발음해요!

입술을 앞으로 쭈욱 내밀고 [큐]를 강하고 길게 소리 내는 거예요. [큐] 뒤에 붙은 장음 기호 '-'는 소리를 길게 내라는 표시예요. [큐]와 [큐-]는 다른 소리예요. 큰 소리로 읽어 봐요!

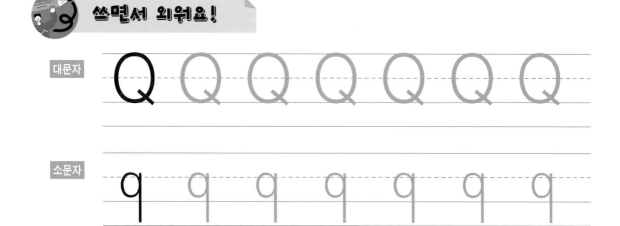

쓰면서 외워요!

대문자	Q Q Q Q Q Q Q Q
소문자	q q q q q q q q

48

Q가 들어 있는 영단어

queen 여왕

quee + n = queen
[퀴-] [ㄴ] [퀴-인]

quiz 퀴즈

qui + z = quiz
[퀴] [즈] [퀴즈]

quilt 누비 이불

quil + t = quilt
[퀼] [트] [퀼트]

R r [아-르]

혀끝을 말아 올리며 [아르]이라고 발음해요. [아] 다음에 [르]을 표기한 이유는 [르] 소리가 [알]처럼 받침으로 발음되는 것이 아니라 혀를 구부려 독립적으로 발음하기 때문이에요. 큰 소리로 읽어 봐요!

 쓰면서 외워요!

대문자 R R R R R R R

소문자 r r r r r r r

50

R이 들어 있는 영단어

rainbow 무지개

ra + in + bow = rainbow
[뤠] [인] [보우] [뤠인보우]

robot 로봇

ro + bot = robot
[롸우] [벗] [롸우벗]

radio 라디오

ra + di + o = radio
[뤠이] [디] [오우] [뤠이디오우]

S s [에스]

 이렇게 발음해요!

혀끝을 아랫니 뒤쪽에 대고 [에]를 강하게 소리 내고 [에] 다음에 [스]를 약하게 발음해요. [에]와 [스]는 각각 소리 내는 것이 아니라 자연스럽게 이어서 [에스]라고 발음하는 거예요. 큰 소리로 읽어 봐요!

 쓰면서 외워요!

대문자
S S S S S S S

소문자
S S S S S S S

52

S가 들어 있는 영단어

scissors 가위

sci + ssor + s = scissors
[씨]　　[저ㄹ]　[즈]　　[씨저ㄹ즈]

shoes 구두

sh + oe + s = shoes
[슈]　[우-]　[즈]　　[슈-즈]

sun 태양

su + n = sun
[써]　[ㄴ]　[썬]

T t [티-]

이렇게 발음해요!

아랫니와 윗니 사이에 혀를 약간 물리며 [티]라고 강하고 길게 소리 내요. [티] 다음에
붙는 장음 기호 '‒'는 길게 발음하라는 뜻이에요.

쓰면서 외워요!

대문자	T T T T T T T T

소문자	t t t t t t t t

54

T가 들어 있는 영단어

tree   나무

t + ree = tree
[트] [뤼-]   [트뤼-]

truck   트럭

t + ruck = truck
[트]   [뤽]   [트뤽]

tulip   튤립

tu + lip = tulip
[튜-]   [립]   [튜-립]

U u [유-]

 이렇게 발음해요!

입술을 동그랗게 내밀면서 [유]를 강하고 길게 소리 내요. [유] 다음에 붙는 장음 기호 '–'는 길게 발음하라는 뜻이에요. 따라서 [유]와 [유–]는 다른 소리예요. 큰 소리로 읽어 봐요!

쓰면서 외워요!

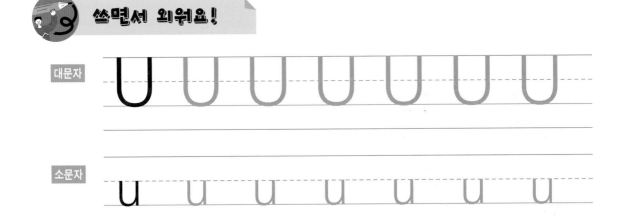

대문자

소문자

56

U가 들어 있는 영단어

umbrella   우산

um + b + rel + la =
[엄]   [브]   [렐]   [러]
umbrella
[엄브뤨러]

uncle   삼촌, 아저씨

un + cle = uncle
[엉]   [클]   [엉클]

uniform   유니폼

u + ni + form = uniform
[유-] [니]   [퓜]   [유-니퓜]

V v [비-]

 이렇게 발음해요!

윗니를 아랫입술에 가볍게 대면서 [비-]라고 강하고 길게 소리 내요. [비] 다음에 붙는
장음 기호 '-'는 길게 발음하라는 뜻이에요. 처음에 [비-]라고 발음하기 힘들면 [브이]
를 빠르게 발음하면 돼요. 큰 소리로 읽어 봐요!

쓰면서 외워요!

대문자

소문자

58

V가 들어 있는 영단어

vase 꽃병

va + se = vase
[베이] [스] [베이스]

vegetable 야채

ve + ge + ta + ble =
[붸] [쥐] [터] [블]
vegetable
[붸쥐터블]

victory 승리

vic + to + ry = victory
[빅] [터] [뤼] [빅터뤼]

W w [더블유]

[더]를 강하게 소리 내고, 다음에 [블유]를 약하게 붙여서 소리 내요. 이때 [더], [블], [유]는 각각 소리 내는 것이 아니라 자연스럽게 이어서 [더블유]라고 발음하는 거예요. 큰 소리로 읽어 봐요!

대문자

소문자

60

W가 들어 있는 영단어

watermelon 수박

wa + ter + mel + on =
[워-]　[터ㄹ]　[멜]　[언]

watermelon
[워-터ㄹ멜런]

windmill 풍차

win + d + mill = windmill
[윈]　[드]　[밀]　　[윈드밀]

wagon 짐마차

wa + gon = wagon
[웨]　[건]　　[웨건]

61

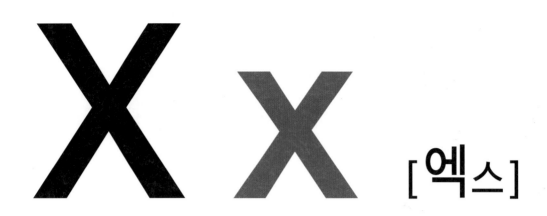

X x [엑스]

 이렇게 발음해요!

혀끝을 아랫니 뒤에 대고 [엑]을 강하게 소리 내요. [스]는 [엑] 다음에 붙여 약하게 소리 내요. [엑]과 [스]는 각각 발음하지 않고 자연스럽게 이어서 [엑스]라고 발음해요. 큰 소리로 읽어 봐요!

 쓰면서 외워요!

대문자

X X X X X X X

소문자

x x x x x x x

X가 들어 있는 영단어

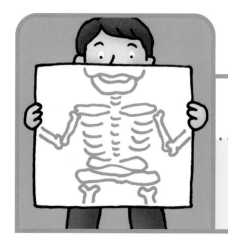

x-ray 엑스레이

x + ray = x-ray
[엑스] [뤠이]   [엑스뤠이]

xylophone 실로폰

xy + lo + phone =
[자이]   [러]   [풘]
xylophone
[자일러풘]

X-mas 크리스마스

X + mas = X-mas
[엑스] [머스]   [엑스머스]

Y y

[와이]

 이렇게 발음해요!

입술을 둥글게 벌리며 [와]를 강하게 소리 내요. [이]는 [와] 다음에 붙여 약하게 소리 내요. [와]와 [이]는 각각 발음하지 않고 자연스럽게 이어서 [와이]라고 발음해요. 큰 소리로 읽어 봐요!

 쓰면서 외워요!

| 대문자 | Y | Y | Y | Y | Y | Y | Y | Y |

| 소문자 | y | y | y | y | y | y | y | y |

Y가 들어 있는 영단어

yarn 털실

yar + n = yarn
[야-ㄹ] [ㄴ] [야안]

yogurt 요구르트

yo + gur + t = yogurt
[요] [거ㄹ] [트] [요거ㄹ트]

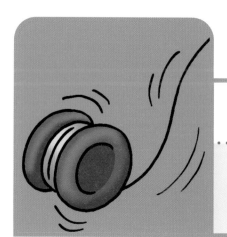

yo-yo 요요(장난감)

yo + yo = yo-yo
[요우] [요우] [요우 요우]

Z z [즈-]

 이렇게 발음해요!

아랫니와 윗니를 맞붙인 사이로 내는 소리예요. [쥐]라고 발음하지 않도록 주의해요.
[즈이]를 빨리 발음한 것과 같은 소리로 [즈-]라고 강하고 길게 발음해요. 큰 소리로
읽어 봐요!

 쓰면서 외워요!

대문자 Z Z Z Z Z Z Z

소문자 z z z z z z z

66

Z가 들어 있는 영단어

zebra   얼룩말

ze + b + ra = zebra
[즈-] [브] [뤄] [즈-브뤄]

zoo   동물원

z + oo = zoo
[즈] [우-] [주-]

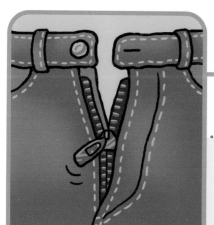

zipper   지퍼

zi + pper = zipper
[즈] [퍼r] [즈퍼r]

Let's Play

● 사과를 통과하여 화살표 방향으로 나가 보세요!

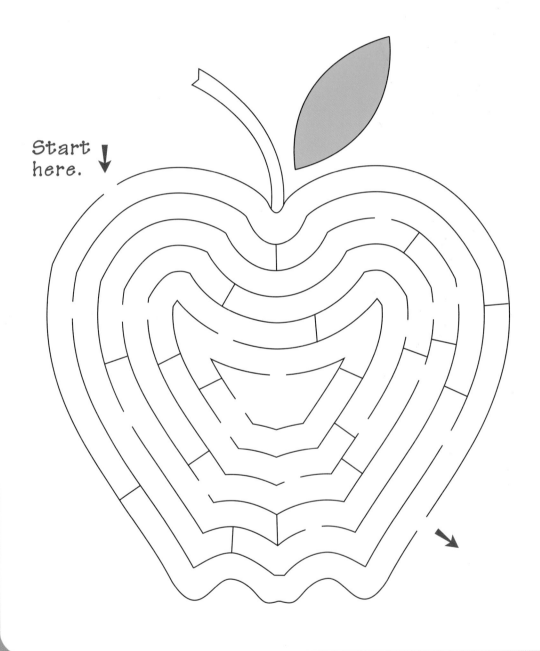

Start here.

● 검정색 음표를 찾아 보세요!

Start
here.

2. 알파벳 필기체 익히기

여러 가지 모양의 알파벳

영어 알파벳에는 소문자와 대문자가 있어요. 또한 대문자와 소문자에는 각각 필기체가 따로 있어요. 그래서 영어를 배우기 위해서는 알파벳 하나당 네 가지의 모양을 모두 기억해야 해요. 처음에는 헷갈리기 때문에 어렵게 느껴질 거예요. 하지만 계속 읽고 써 보면 네 가지 모양에 금세 익숙해질 수 있답니다.

맨 처음 글자만 대문자를 써요

영어의 알파벳에는 왜 대문자와 소문자가 각각 있을까요? 한국어는 대문자나 소문자 등의 구분이 없기 때문에 같은 글자를 왜 다른 모양으로 쓰는지 이해가 잘 되지 않을 거예요. 영어 문장은 맨 처음 글자를 대문자로 쓰고, 그 이후부터 문단 끝까지 소문자를 쓰기 때문에 대문자, 소문자가 꼭 필요한 거예요. 대문자로 시작하는 것 꼭 기억해요!

알파벳의 필기체

그럼 필기체라는 것은 또 무엇일까요? 필기체에는 대문자 필기체와 소문자 필기체가 있어요. 이것은 영어 문장을 쓸 때 빠르고 간편하게 이어서 쓰기 위해 만든 거예요. 필기체로 쓰면 손동작이 훨씬 간편해지고, 따라서 빠르게 쓸 수 있게 돼요. 그래서 손으로 편리하게 영어 문장을 쓰기 위해 필기체를 쓰게 된 거예요.

앞에서 기본 알파벳 대문자와 소문자의 발음 및 쓰기를 모두 배웠어요. 이번 과에서는 대문자 필기체와 소문자 필기체의 쓰기를 배우도록 해요. 각각의 발음은 기본형과 모두 같아요. 손에 익숙해지도록 또박또박 써 봐요.

알파벳 필기체 그림표

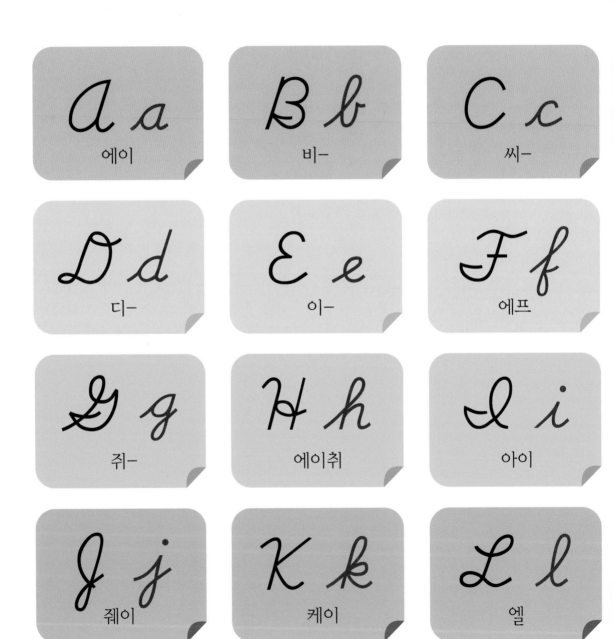

A a 에이	*B b* 비-	*C c* 씨-
D d 디-	*E e* 이-	*F f* 에프
G g 쥐-	*H h* 에이취	*I i* 아이
J j 줴이	*K k* 케이	*L l* 엘

M m	N n	O o
엠	엔	오우
P p	Q q	R r
피-	큐-	아-르
S s	T t	U u
에스	티-	유-
V v	W w	X x
브아	더블유	엑스
Y y	Z z	
와이	지-	

필기체 대문자

A a a a a a a a a

B B B B B B B B B

C C C C C C C C C

D D D D D D D D D

E E E E E E E E E

F F F F F F F F F

G G G G G G G G G

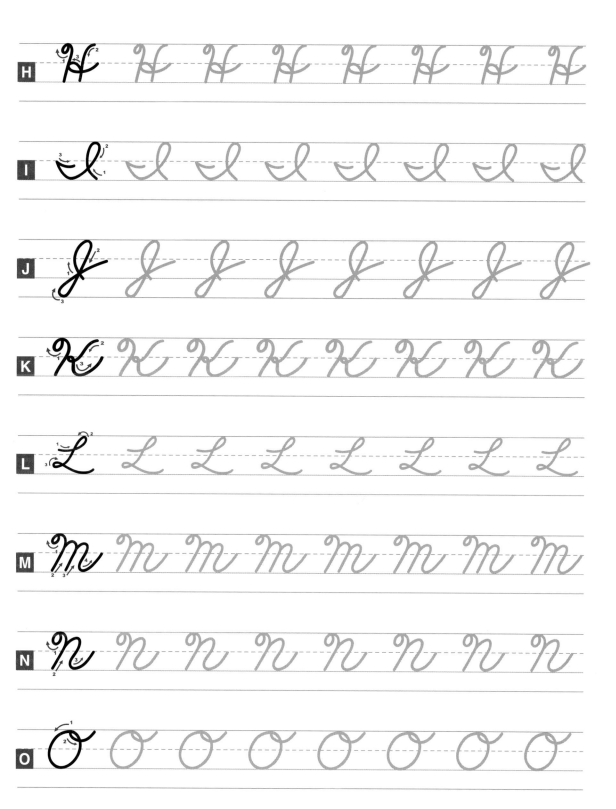

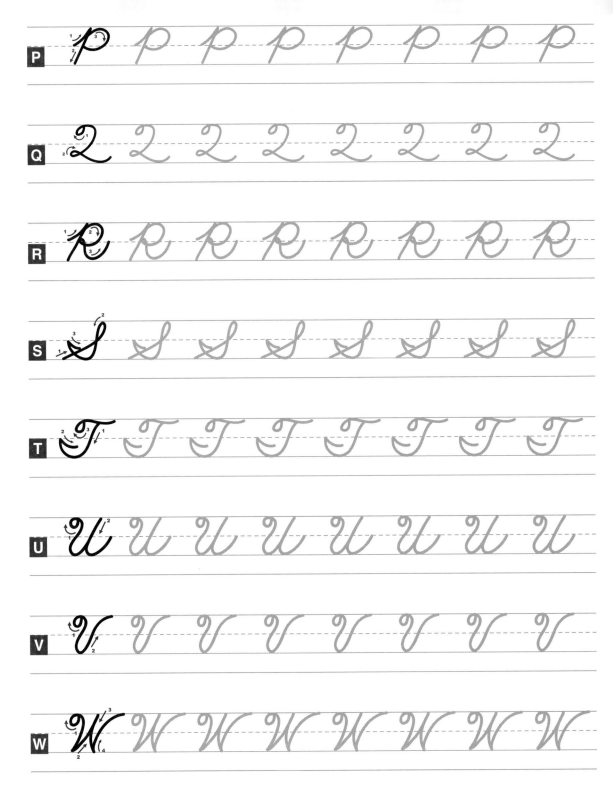

X

Y

Z

아래의 칸에 대문자 필기체를 A부터 Z까지 차례대로 써 넣어 보세요.

필기체 소문자

h h h h h h h h h

i i i i i i i i i

j j j j j j j j j

k k k k k k k k k

l l l l l l l l l

m m m m m m m m m

n n n n n n n n n

o o o o o o o o o

아래의 칸에 소문자 필기체를 A부터 Z까지 차례대로 써 넣어 보세요.

Let's Play

● 새가 집안으로 들어갈 수 있도록 도와 주세요!

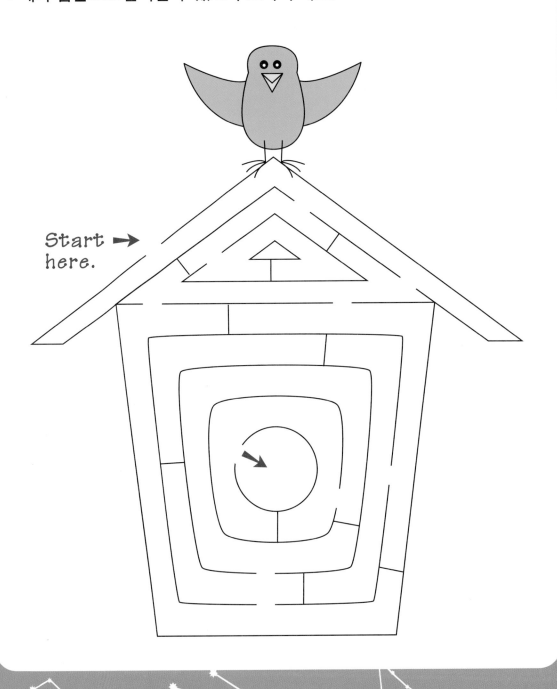

Let's Play

● 공이 바구니를 통과할 수 있도록 도와 주세요!

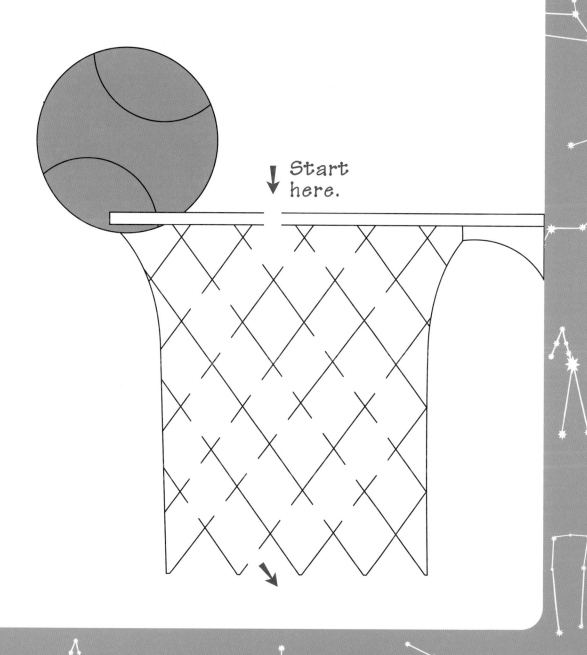

Start
here.

3. 발음 기호 익히기

알파벳의 자음과 모음
알파벳에서 자음 역할을 하는 것은 B, C, D, F, G, H, J, K, L, M, N, P, Q, R, S, T, V, W, X, Y, Z 이렇게 21자예요. 그럼 모음에는 어떤 알파벳이 있을까요? A, E, I, O, U 이렇게 5자가 있답니다. 영어의 자음 21자와 모음 5자를 합친 26자를 알파벳이라고 불러요. 앞에서 이미 배웠기 때문에 이제는 모두 외우고 있을 거예요.

영어의 발음 기호
26자의 알파벳 중 한 개 이상이 모여서 하나의 영어 단어를 이루어요. 이러한 단어를 읽기 위해서는 일정한 발음 규칙이 필요한데, 이것을 기호로 나타낸 것이 바로 발음 기호예요. 알파벳과 발음 기호를 혼동하는 경우가 있는데, 알파벳과 발음 기호는 다른 거예요. 발음 기호를 익히면 영어가 쉬워져요.

발음 기호를 읽는 법

발음 기호와 알파벳의 혼동을 막기 위해서 발음 기호는 반드시
괄호 [   ] 안에 표기해요. 예를 들어 say를 발음하고 싶으면 발
음 기호 [sei]를 읽을 줄 알아야 돼요. [se]는 '쎄'이고 [i]는 '이'로
읽으므로, say는 [쎄이]라고 읽는 거예요.

이렇게 영어 단어를 읽는데 발음 기호가 필요해요. 발음 기호를
모두 한글로 대입해 읽을 줄 알면 영어를 자유롭게 읽을 수 있
답니다. 발음 기호를 한글로 읽는 법을 꼭 배우세요!

모음기호 그림표

[a]
아

[æ]
애

[ə]
어

[ʌ]
어

[e]
에

[ɔ]
어/오

[u]
우

[i]
이

[aː]
아-

[aːr]
아-르

[əːr]
어-르

[ɔː]
오-

[ɔːr]
오-ㄹ

[uː]
우-

[iː]
이-

[ai]
아이

[au]
아우

[ɛər]
에어ㄹ

[ei]
에이

[ou]
오우

[ɔi]
오이

[uər]
우어ㄹ

[iər]
이어ㄹ

[k]
크

[g]
그

[p]
프

[b]
브

[t]
트

[d]
드

[h]
흐

[f]
프

[v]
브

[s]
스

[z]
즈

[l]
르

[r]
르

[θ]
쓰

[ð]
드

[ʃ]
쉬

[ʒ]
쥐

[tʃ]
취

[dʒ]
쥐

[m]
므

[n]
느

[ŋ]
응

[a]
아

아래턱을 내려 입을 크게 벌리고 입 속에서 [아]하고 소리 내요.

pond [pɑnd] 연못

영어 단어	pon + d = pond
발음 기호	[pɑn] [d] [pɑnd]
한글 읽기	판 드 판드
필 기 체	*pond*

[æ]
애

입술을 좌우로 벌리고 혀끝을 아랫니 뒤쪽에 붙이고 [애]라고 소리 내요.

camera [cǽmərə] 사진기

영어 단어	ca + me + ra = camera
발음 기호	[cæ] [mə] [rə] [cæmərə]
한글 읽기	캐 머 뤄 캐머뤄
필 기 체	*camera*

[ə]
어

혀를 밑으로 깔고, 혀끝을 아랫니 뒤쪽에 대며 [어]라고 짧게 발음해요.

banana [bənǽnə] 바나나

영어 단어	ba + na + na = banana
발음 기호	[bə] [næ] [nə] [bənænə]
한글 읽기	버 내 너 버내너
필 기 체	*banana*

[ʌ] 어

[ʌ]는 [ㅓ]보다 입을 위아래로 더 벌리고 [아]와 [어]의 중간 소리를 내요.

bus [bʌs] 버스

영어 단어	bu + s = bus
발음 기호	[bʌ] [s] [bʌs]
한글 읽기	버 스 버스
필 기 체	*bus*

[e] 에

입술을 가로로 벌리고 입을 조금 열며 [에]라고 발음해요.

leg [leg] 다리

영어 단어	le + g = leg
발음 기호	[le] [g] [leg]
한글 읽기	레 그 레그
필 기 체	*leg*

[ɔ] 어/오

[ɔ]는 [오]와 [어]의 중간음이므로 정확하게 발음하기 어려워요.

oil [ɔ́il] 기름

영어 단어	o + il = oil
발음 기호	[ɔ] [il] [ɔil]
한글 읽기	오 일 오일
필 기 체	*oil*

[u]
우

입술을 동그랗게
앞으로 내밀며 [우]라고
짧게 발음해요.

book [buk] 책

영어 단어	boo + k = book
발음 기호	[bu] [k] [buk]
한글 읽기	부 ㄱ 북
필 기 체	*book*

[i]
이

입을 좌우로 길게 벌리고
[이]라고 짧게 발음해요.

lily [líli] 백합

영어 단어	lil + y = lily
발음 기호	[lil] [i] [lili]
한글 읽기	릴 이 릴리
필 기 체	*lily*

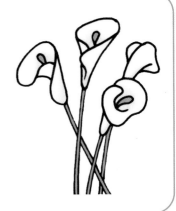

(2) 장모음을 익혀요!

[aː]
아-

입을 크게 벌려
[아-]라고
강하고 길게 발음해요.

---

papa [páːpə] 아빠

영어 단어	pa + pa = papa
발음 기호	[paː] [pə] [paːpə]
한글 읽기	파- 퍼 파-퍼
필 기 체	*papa*

[aːr]
아-ㄹ

입을 크게 벌리고
[아-]라고 강하고 길게
발음하면서 혀끝을
말아올려요.

---

card [kaːrd] 엽서

영어 단어	car + d = card
발음 기호	[kaːr] [d] [kaːrd]
한글 읽기	카-ㄹ 드 카-ㄹ드
필 기 체	*card*

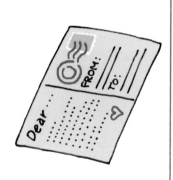

[əːr]
어-ㄹ

입을 조금 벌리고 [어-ㄹ]라고
강하고 길게 발음하면서
혀끝을 말아올려요.

---

bird [bəːrd] 새

영어 단어	bir + d = bird
발음 기호	[bəːr] [d] [bəːrd]
한글 읽기	버-ㄹ 드 버-ㄹ드
필 기 체	*bird*

[ɔː]

오-

입을 크게 벌리고 [오-]라고
길게 발음해요. 이때 [오]는
[오]와 [어]의 중간음이에요.

ball [bɔːl] 공

영어 단어	ba + ll = ball		
발음 기호	[bɔː]	[l]	[bɔːl]
한글 읽기	보-	ㄹ	보-올
필 기 체	*ball*		

[ɔːr]

오-ㄹ

[오-]라고 강하고 길게
발음하면서 혀끝을 말아올려요.

fork [fɔːrk] 포크

영어 단어	for + k = fork		
발음 기호	[fɔːr]	[k]	[fɔːrk]
한글 읽기	풔-ㄹ	크	풔-ㄹ크
필 기 체	*fork*		

[uː]

우-

입을 둥글게 앞으로 내밀면서
[우-]라고 강하고 길게
발음해요.

moon [muːn] 달

영어 단어	moo + n = moon		
발음 기호	[muː]	[n]	[muːn]
한글 읽기	무-	ㄴ	무-운
필 기 체	*moon*		

[iː]
이ー

입을 옆으로 크게 벌려
[이ー]라고 강하고 길게
발음해요.

bee [biː] 벌

영어 단어	b + ee = bee
발음 기호	[b] [iː] [biː]
한글 읽기	ㅂ 이ー 비ー
필 기 체	*bee*

(3) 이중모음을 익혀요!

[ai]
아이

아래턱을 내려 입을 크게
벌리고 입 속에서
[아이]하고 소리 내요.

hi [hai] 안녕

영어 단어	h + i = hi
발음 기호	[h] [ai] [hai]
한글 읽기	ㅎ 아이 하이
필 기 체	*hi*

[au]
아우

[아]를 강하게 발음하고 이어서 [우]를 가볍게 붙여 소리 내요.

cow [káu] 소

영어 단어 c + ow = cow

발음 기호 [k] [au] [kau]

한글 읽기 ㅋ 아우 카우

필 기 체 *cow*

[ɛər]
에어ㄹ

[에]를 강하게 발음하고 이어서 [어]를 가볍게 붙여 소리내면서 혀끝을 위로 말아올려요.

chair [tʃέər] 의자

영어 단어 ch + air = chair

발음 기호 [tʃ] [ɛər] [tʃɛər]

한글 읽기 취 에어ㄹ 췌어ㄹ

필 기 체 *chair*

[ei]
에이

[에]를 강하게 발음하고 이어서 [이]를 가볍게 붙여 소리 내요.

cake [kéik] 케이크

영어 단어 ca + ke = cake

발음 기호 [kei] [k] [keik]

한글 읽기 케이 크 케이크

필 기 체 *cake*

[ou]
오우

[오]를 강하게 발음하고
이어서 [우]를 가볍게 붙여
소리 내요.

home [hóum] 집

영어 단어	ho	+ me = home
발음 기호	[hou]	[m] [houm]
한글 읽기	호우	ㅁ 호움
필 기 체	*home*	

[ɔi]
오이

[오]를 강하게 발음하고
이어서 [이]를 가볍게 붙여
소리 내요.

toy [tɔ́i] 장난감

영어 단어	t	+ oy = toy
발음 기호	[t]	[ɔi] [tɔi]
한글 읽기	ㅌ	오이 토이
필 기 체	*toy*	

[uər]
우어ㄹ

[우]를 강하게 발음하고
이어서 [어]를 가볍게 붙여
소리내면서 혀끝을 위로
말아올려요.

tour [túər] 여행

영어 단어	t	+ our = tour
발음 기호	[t]	[uər] [tuər]
한글 읽기	ㅌ	우어ㄹ 투어ㄹ
필 기 체	*tour*	

[iər]
이어르

[이]를 강하게 발음하고
이어서 [어]를 가볍게
붙여 소리내면서
혀끝을 말아올려요.

hear [híər] 듣다

영어 단어   h + ear = hear
발음 기호   [h] [iər]   [hiər]
한글 읽기   ㅎ 이어르   히어르
필 기 체   *hear*

(4) 자음을 익혀요!

[한글 발음 표기 [f-프], [r-르], [v-브], [ð-드]를 [p-프], [l-르], [b-브], [d-드]와 구분하기 위해서
[f-프], [r-르], [v-브], [ð-드]로 표기했어요. 한글 표기는 같지만 서로 다른 소리라는 것을 확인하면서
정확하게 읽어 보세요.]

[k]
크

아랫니와 윗니를 맞붙이고
그 사이로 [크]를 강하게
발음해요.

king [kiŋ] 왕

영어 단어   k + ing = king
발음 기호   [k] [iŋ]   [kiŋ]
한글 읽기   ㅋ 잉   킹
필 기 체   *king*

[g]
그

아랫니와 윗니를 맞붙이고
그 사이로 [그]를 강하게
발음해요.

grape [gréip] 포도

영어 단어	g + ra + pe = grape
발음 기호	[g] [rei] [p]　　[greip]
한글 읽기	그 뤠이 프　　그뤠이프
필 기 체	*grape*

[p]
프

아랫입술과 윗입술을
붙였다 떼면서
[프]를 강하게 발음해요.

pig [pig] 돼지

영어 단어	pi + g = pig
발음 기호	[pi] [g]　　[pig]
한글 읽기	피 그　　피그
필 기 체	*pig*

[b]
브

아랫입술과 윗입술을
붙였다 떼면서
[브]를 강하게 발음해요.

bed [bed] 침대

영어 단어	be + d = bed
발음 기호	[be] [d]　[bed]
한글 읽기	베 드 베드
필 기 체	*bed*

[t]
트

혀끝을 윗니 뒤쪽에 붙였다
떼면서 [트]를 강하게 발음해요.

train [tréin] 기차

영어 단어	t + ra + in = train
발음 기호	[t] [re] [in] [trein]
한글 읽기	트 뤠 인 트뤠인
필기체	*train*

[d]
드

혀끝을 윗니 뒤쪽에 붙였다
떼면서 [드]를 강하게 발음해요.

dolphin [dɔ́lfin] 돌고래

영어 단어	dol + phin = dophin
발음 기호	[dɔl] [fin] [dɔlfin]
한글 읽기	돌 핀 돌핀
필기체	*dolphin*

[h]
흐

윗니와 아랫니 사이로 바람을
불어 내면서 [흐]를 강하게
발음해요.

hamburger [hǽmbə̀ːrgər] 햄버거

영어 단어	ham + bur + ger = hamburger
발음 기호	[hæm] [bəːr] [gər] [hæmbəːrgər]
한글 읽기	햄 버-르 거르 햄버-르거르
필기체	*hamburger*

[f]
프

윗니로 아랫 입술을 약간 굵듯이 하며 [프]를 발음해요. [p]와는 다른 소리에요.

flower [fláuər] 꽃

영어 단어	f + low + er = flower
발음 기호	[f] [lau] [ər] [flauər]
한글 읽기	프 라우 어르 플라우어르
필 기 체	*flower*

[v]
브

윗니로 아랫 입술을 약간 굵듯이 하며 [브]를 발음해요. [b]와는 다른 소리에요.

violin [vàiəlín] 바이올린

영어 단어	vi + o + lin = violin
발음 기호	[vai] [ə] [lin] [vaiəlin]
한글 읽기	봐이 어 린 봐이얼린
필 기 체	*violin*

[s]
스

윗니와 아랫니를 붙인 사이로 바람을 불어내며 [스]를 발음해요.

swim [swim] 수영하다

영어 단어	s + wim = swim
발음 기호	[s] [wim] [swim]
한글 읽기	스 윔 스윔
필 기 체	*swim*

[z]
즈

윗니와 아랫니를 붙인 사이로
바람을 불어내며
[즈]를 발음해요.

zoo [zuː] 동물원

영어 단어	z + oo = zoo		
발음 기호	[z]	[uː]	[zuː]
한글 읽기	ㅈ	우-	주-
필 기 체	*zoo*		

---

[l]
르

허끝을 입천장에 살짝 대었다
떼며 [르]를 발음해요.

lip [lip] 입술

영어 단어	l + ip = lip		
발음 기호	[l]	[ip]	[lip]
한글 읽기	르	입	립
필 기 체	*lip*		

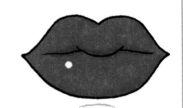

---

[r]
르

허끝을 말아 올리며 [르]를
발음해요. [l]과는
다른 소리에요.

rainbow [réinbòu] 무지개

영어 단어	rain + bow = rainbow		
발음 기호	[rein]	[bou]	[reinbou]
한글 읽기	뤠인	보우	뤠인보우
필 기 체	*rainbow*		

[θ]
쓰

윗니와 아랫니 사이로
혀를 약간 내밀며 [쓰]에
가깝게 발음해요.

three [θriː] 3

영어 단어	th + ree = three
발음 기호	[θ] [riː] [θriː]
한글 읽기	쓰 뤼- 쓰뤼-
필 기 체	*three*

[ð]
드

윗니와 아랫니 사이로
혀를 약간 내밀며 [드]에
가까운 소리를 내요.

father [fáːðər] 아버지

영어 단어	fa + ther = father
발음 기호	[fɑː] [ðər] [fɑːðər]
한글 읽기	파- 더르 파-더르
필 기 체	*father*

[ʃ]
쉬

입술을 동그랗게 만들어
공기를 내뿜으며 [쉬]라고
발음해요.

shop [ʃap] 가게

소망가게

영어 단어	sh + op = shop
발음 기호	[ʃ] [ap] [ʃap]
한글 읽기	쉬 압 샵
필 기 체	*shop*

open

[ʒ]
쥐
입술을 동그랗게 만들어
공기를 내뿜으며
[쥐]라고 발음해요.

television [téləvìʒən] 텔레비전

영어 단어	tel + e + vi + sion = television
발음 기호	[tel] [ə] [vi] [ʒən] [teləviʒən]
한글 읽기	텔 이 비 쥔 텔리비쥔
필 기 체	*television*

[tʃ]
취
혀끝을 윗니 뒤쪽에 살짝
대었다 떼면서 [취]라고
발음해요.

cheese [tʃíːz] 치즈

영어 단어	chee + se = cheese
발음 기호	[tʃiː] [z] [tʃiːz]
한글 읽기	취- 즈 취-즈
필 기 체	*cheese*

[dʒ]
쥐
혀끝을 윗니 뒤쪽에
살짝 대었다 떼면서
[쥐]라고 발음해요.
[ʒ] 발음과는 약간 달라요.

juice [dʒúːs] 주스

영어 단어	jui + ce = juice
발음 기호	[dʒuː] [s] [dʒuːs]
한글 읽기	주- 스 주-스
필 기 체	*juice*

[m]
므

입술을 붙였다 떼면서
콧소리로 [므]라고
발음해요.

mouth [máuθ] 입

영어 단어	mou + th = mouth
발음 기호	[mau] [θ] [mauθ]
한글 읽기	마우 쓰 마우쓰
필 기 체	*mouth*

[n]
느

혀끝을 윗니 뒤쪽에
살짝 대었다 떼면서
콧소리로 [느]라고 발음해요.

nose [nóuz] 코

영어 단어	no + se = nose
발음 기호	[nou] [z] [nouz]
한글 읽기	노우 즈 노우즈
필 기 체	*nose*

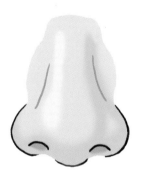

[ŋ]
응

콧소리로 [응]이라고
발음해요.

morning [mɔ́ːrniŋ] 아침

영어 단어	mor + ning = morning
발음 기호	[mɔːr] [niŋ] [mɔːrniŋ]
한글 읽기	모-ㄹ 닝 모-ㄹ닝
필 기 체	*morning*

Let's Play

● 물고기를 통과하여 화살표 방향으로 나가 보세요!

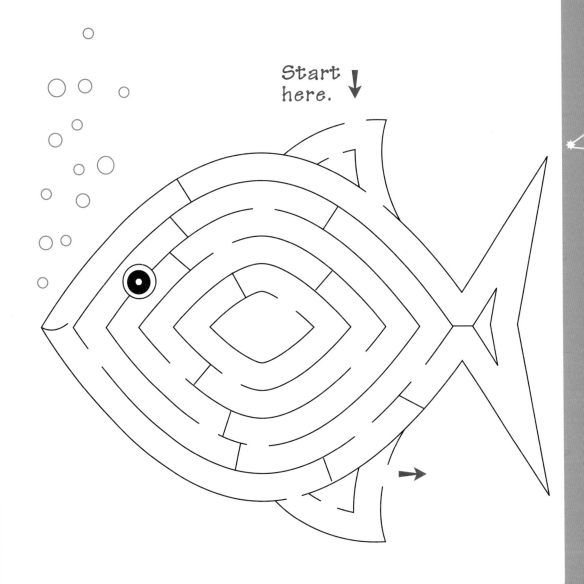

Start here.

Let's Play

● 열쇠가 열쇠 구멍을 찾을 수 있도록 도와 주세요!

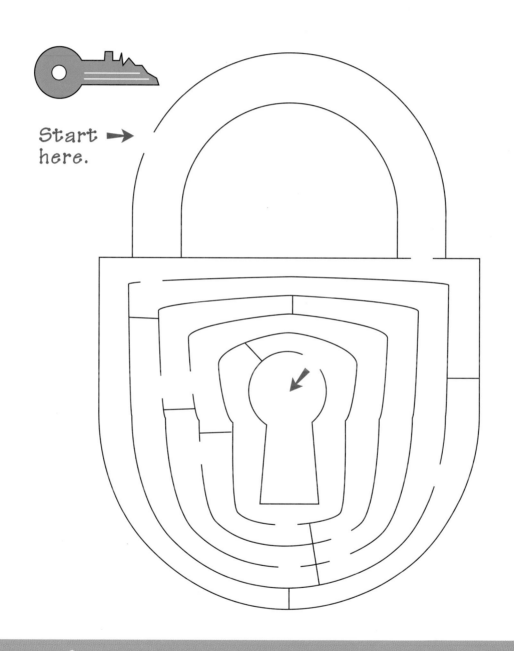

Start → here.

107

4. 악센트와 억양 익히기

영어의 악센트

영어를 소리 낼 때 우리말과 다른 점이 있어요. 영어에는 단어 하나하나에 악센트라는 것이 있답니다. 우리말은 학교, 선생님, 친구 등의 단어를 읽을 때 특별히 강하게 소리 내는 글자가 없어요. 하지만 영어는 단어 중에 특별히 강하게 소리 내는 글자가 있답니다. 강하게 소리 내는 부분을 '악센트가 있다'라고 말해요.

단어의 악센트

영어는 단어마다 악센트가 있어요. 따라서 단어를 익힐 때 발음 기호에 표시된 악센트를 반드시 확인해야 돼요. 발음 기호에 있는 악센트 부호를 보고, 그 표시가 있는 부분을 강하게 읽어야 하기 때문이랍니다. 우리말과 다른 점이므로 처음에는 바르게 읽히지 않아요. 그래서 자꾸자꾸 악센트를 넣어서 단어를 읽어 봐야 해요.

문장의 악센트

영어는 단어 안에만 악센트가 있는 것이 아니에요. 문장 전체에
도 어느 단어를 유독 강하게 읽어야 되는 규칙이 있어요. 강하
게 읽게 되는 단어는 주로 그 문장에서 가장 중요한 단어일 경
우가 많아요. 우리도 질문을 할 때에는 끝을 올려 말하지요? 영
어도 마찬가지랍니다. 이러한 악센트와 억양에 익숙해져야 영
어를 자연스럽게 말할 수 있게 돼요. 조금 어렵지만 '영어 읽기
법' 정도로 이해하고 자연스럽게 읽어질 때까지 계속 연습해요.

🔊 악센트는 무엇일까요?

악센트가 무엇인지 예를 들어 설명해 볼까요?

학생은 영어로 'student[스튜-든트]'예요. 이 단어에는 악센트가 'tu[튜-]'에 있답니다. 따라서 이 단어를 읽을 때 [튜] 부분을 강하게 읽어야 해요. 읽는 소리의 크기를 나타내 보면 [스튜-든트]가 된답니다. 이런 점이 영어와 우리말 읽기의 차이점이에요.

▶▶ 다음의 우리말과 영어의 발음을 비교해 보세요.

우리말	영어	
컴퓨터	computer [kəmpjúːtər]	컴퓨-터ㄹ
텔레비전	television [téləvìʒən]	텔리비줜

여러분은 모두 컴퓨터를 가지고 있죠? 우리말로는 '컴퓨터'하고 각각의 글자가 모두 비슷하게 발음되죠? 영어로는 어떻게 발음할까요? '컴퓨-터ㄹ'라고 발음한답니다. 텔레비전도 마찬가지예요. 영어로는 '텔리비줜'이라고 발음해요. 우리말과 달리 강하게 읽는 부분이 있어요.

단어의 악센트

영어는 단어마다 앞에서 설명한 악센트 부분이 있어요. 따라서 단어를 익힐 때 어느 부분에 악센트가 있는지 꼭 확인해야 돼요. 악센트가 어느 부분에 있는지는 발음기호를 보면 알 수 있어요. 발음기호 중 악센트가 있는 모음 위에 기호 ' / '가 붙어 있거든요. 이 기호가 있는 부분이 악센트가 있는 곳이므로 강하게 소리 내면 돼요. 그리고 하나 명심할 것은 강세는 항상 모음에 온답니다. 강세가 있는 부분을 잘 살펴보면 알 수 있어요. 따라서 모음이 하나만 있는 짧은 단어는 항상 그 모음에 강세가 오겠죠. 이렇게 짧은 단어는 사전에 강세표시가 없답니다.

문장의 악센트

영어 단어에 강세가 있는 것처럼 문장을 읽거나 말할 때에도 중요한 단어에 강세를 두어야 한답니다.

This is a book.	이것은 책이다.

위 문장에서 가장 중요한 단어가 어떤 단어일까요? book이겠죠? 따라서 위 문장을 읽을 때는 '디스 이즈 어 북'처럼 읽는 것이 아니라 '디스 이즈 어 북'처럼 book이란 단어를 강하게 발음한답니다.

또한 영어로 질문을 할 때는 끝을 올려 읽어요. 이 점은 우리말과 비슷해요. 우리말도 뭔가 질문을 할 때에는 끝을 올려 읽고 기호 '?'을 문장 끝에 쓰지요? 영어도 이와 똑같답니다. 따라서 질문이 아닌 말의 경우는 끝을 내려 읽지만 질문을 할 때에는 끝을 올려 말하는 것을 꼭 기억해 두세요.

· **This is a book.**　　　이것은 책이다.
　　　　　　　　　　　　⋯▶ book를 강하게 읽어요 !

· **Is this a book?**　　　이것은 책입니까?
　　　　　　　　　　　　⋯▶ 문장의 끝을 올려 읽어요 !

Let's Play

● 토끼가 당근을 먹을 수 있게 도와주세요!

Start
here.

112

● 우주선이 지구로 돌아올 수 있게 도와주세요!

5. 영어 단어 익히기

알파벳이 모이면 영어 단어가 돼요.

알파벳이 모여서 영어 단어가 되고, 영어 단어가 모여서 영어 문장이 되는 거예요. 알파벳과 발음 기호를 모두 배웠으니까 이제 어떤 단어를 배워도 읽고 쓸 수 있을 거예요. 영어에는 수많은 단어가 있지만 우선 우리 주변에서 자주 접하는 쉬운 단어부터 하나씩 알아보도록 해요. 이제 어떤 단어도 자신 있게 읽을 수 있겠죠?

모든 단어 상자 안에는 😖, 😊, 😄의 마스코트가 있어요.
모르는 단어는 😖에 √표시하고, 단어를 다 공부했으면 😊에 √표시해요.
그리고 단어를 다 외웠으면 😄에 √표시하세요.
그러면 나중에 모르는 단어만 다시 공부할 수 있어요.

다음 순서대로 영어 단어를 공부해 보세요.

영어 단어의 종류를 알고 싶어요!

1 명사와 대명사 (Noun and Pronoun)

명사는 사람, 장소, 사물, 동물, 식물 등의 이름을 말해요. 지금까지 이 책에서 접한 대부분의 단어들이 명사였어요. 여러분들 주위에서 가장 많이 접하는 단어랍니다. 대명사는 명사를 대신하는 말로 명사와 비슷하지만 약간의 차이가 있어요. 대명사에는 사람을 부를 때 쓰는 '인칭대명사'와 사물을 가리킬 때 쓰는 '지시대명사', 무엇인가를 물을 때 사용하는 '의문사' 등이 있어요. 하나하나 익혀보도록 해요.

명사에는 어떤 것이 있나요?

· Tom [탐]	탐	⋯▶ 사람을 가리키는 명사.
· park [파-ㄹ크]	공원	⋯▶ 장소를 가리키는 명사.
· plane [플레인]	비행기	⋯▶ 사물을 가리키는 명사.
· dog [독]	개	⋯▶ 동물을 가리키는 명사.
· rose [뤄우즈]	장미	⋯▶ 식물을 가리키는 명사.

인칭대명사가 궁금해요!

I [아이/나] : 언제나 대문자로 써요. 이 점 꼭 기억해 둬요!
you [유-/너, 당신, 너희들, 당신들] : you는 한 사람에게도 쓰고 두 사람이나
그 이상에도 써요.

· he [히-]	그		· she [쉬-]	그녀
· we [위-]	우리		· they [데이]	그들
· it [잇]	그것			

116

- I am Tom.
  아이 엠 탐

  나는 탐이야.

- He is Mike.
  히- 이즈 마이크

  그는 마이크야.

지시대명사를 알고 싶어요!

- **this** [디스]   이것
- **that** [댓]   저것

- **these** [디-즈]   이것들
- **those** [도우즈]   저것들

- This is a book.
  디스 이즈 어 북

  이것은 책이야.

- That is a computer.
  댓 이즈 어   컴퓨-터ㄹ

  저것은 컴퓨터야.

의문사는 뭐예요?

- **who** [후-]   누구   ····▶ 의문대명사
- **what** [왓]   무엇   ····▶ 의문대명사
- **where** [웨어ㄹ]   어디에   ····▶ 의문부사
- **when** [웬]   언제   ····▶ 의문부사
- **how** [하우]   어떻게   ····▶ 의문부사

- Who are you?
  후- 아ㄹ 유

  너 누구니?

- What is this?
  왓 이즈 디스

  이거 뭐야?

② 관사(Article)

'이것은 책이야.'라고 말할 때 영어로는 'This is a book.'이라고 해요. 여기에서 book 앞에 쓰인 'a'를 관사라 해요. 관사는 명사 앞에 붙여서 명사의 수나 상태를 나타내요. 관사에는 부정관사와 정관사가 있답니다. 관사의 종류와 쓰임이 많지 않기 때문에 여기에 소개된 것만 알고 있어도 영어를 잘할 수 있어요.

부정관사가 뭐예요?

부정관사에는 a와 an이 있어요. 부정관사는 어떤 명사를 상대방에게 처음 소개할 때 사용하고 '하나'라는 의미가 있답니다. 자음 앞에는 a, 모음 앞에는 an을 써요. 모음 앞에 an을 쓰는 이유는 발음 때문에 그렇답니다.

- **This is a book.**
  디스 이즈 어 북

  이것은 책이야.
  ('This is book.'이란 말은 자연스럽지 못해요.)

- **This is an apple.**
  디스 이즈 언 애플

  이것은 사과야.
  (a apple보다 an apple이 발음하기 편하죠?)

정관사가 궁금해요!

정관사는 이미 나온 명사를 가리키는 말이에요. 명사 앞에 'the'를 쓴답니다. 나도 알고 너도 아는 경우라면 반드시 명사 앞에 정관사 'the'를 붙여요.

- **The book is mine.**
  더 북 이즈 마인

  그 책은 나의 것이야.

- **The apple is big.**
  디 애플 이즈 빅

  그 사과는 커.

③ 동사와 조동사 (Verb and Auxiliary verb)

동사는 사람이나 사물의 행동이나 움직임 등을 설명하는 말이에요. 그래서 동사는 문장의 서술어가 된답니다. 영어에서는 동사가 없으면 문장이 완성되지 않아요. 우리나라 말은 동사가 문장 제일 끝에 오지만, 영어는 주어 다음에 바로 동사가 와요. 의문문과 명령문을 만들 때에만 문장 맨 앞에 동사가 오게 돼요. 동사를 많이 알면 표현하고 싶은 행동과 동작을 자유롭게 영어 문장으로 만들 수 있어 좋아요. 조동사는 동사의 뜻을 돕는 말이에요. 조동사는 동사 앞에 놓이게 돼요. 문장에서 아주 중요한 역할을 하므로 알아두면 좋아요.

● 동사에는 어떤 것이 있어요?

- run [뤈]   달리다
- study [스터디]   공부하다
- go [고우]   가다
- like [라이크]   좋아하다

● 조동사가 궁금해요!

- can [캔]   ~할 수 있다   ⋯▶ can go [캔 고우] 갈 수 있다
- must [머스트] ~해야 한다   ⋯▶ must go [머스트 고우] 가야 한다
- will [윌]   ~할 것이다   ⋯▶ will go [윌 고우] 갈 것이다
- may [메이]   ~해도 좋다   ⋯▶ may go [메이 고우] 가도 좋다

④ 형용사 (Adjective)

형용사는 사람이나 사물의 형태, 상태, 성질 등을 묘사하는 말이에요. 형용사는 주로 명사를 설명하는 말로 많이 쓰이지만, 우리나라 말에서는 문장에서 자주 서술어가 되기 때문에 동사와 혼동하기 쉬워요. 하지만 영어에서는 형용사만으로는 서술어가 될 수 없답니다. 동사는 사람이나 사물의 움직임을 설명하는 말이라는 것만 확실히 기억해 두면 형용사와 혼동되지 않을 거예요. 형용사를 많이 알고 있으면 여러 가지 상황을 영어로 풍부하게 설명할 수 있어 좋아요.

형용사에는 어떤 것이 있어요?

- **big** [빅]   큰
- **good** [굿]   좋은
- **kind** [카인드]   친절한
- **dark** [다-ㄹ크]   어두운

- **small** [스몰]   작은
- **happy** [해피]   행복한
- **pretty** [프뤼티]   예쁜
- **sorry** [쏘-뤼]   미안한

- **The apple is big.**   그 사과는 큽니다.
  디   애플   이즈   빅
- **It is a big apple.**   그것은 큰 사과입니다.
  잇   이즈 어   빅   애플

---

5 부사 (Adverb)

부사는 형용사, 동사를 꾸며 주는 말이에요. 가끔 부사만으로도 어떤 뜻을 표현할 수 있어요.
뜻이 형용사와 비슷하지만, 꾸며 주는 말이 다르기 때문에 잘 구분할 수 있어요.

부사에는 어떤 것이 있어요?

- **slowly** [슬로우리]   천천히   ···▶ go slowly [고우 슬로우리] 천천히 가다
- **early** [얼-리]   일찍   ···▶ go early [고우 얼-리] 일찍 가다
- **hard** [하-ㄹ드]   열심히   ···▶ study hard [스터디 하-ㄹ드] 열심히 공부하다
- **very** [붸뤼]   매우   ···▶ very good [붸뤼 굿] 매우 좋은

120

⑥ 접속사 (Conjunction)

접속사는 단어와 단어, 또는 문장과 문장을 이어 줄 때 필요한 말이에요. 우리말에서 찾아보면 '그리고, 그러나, 그렇지만, 그러므로……' 등이에요. 이러한 접속사를 많이 알면 단어나 문장을 연결할 때 쓸 수 있어 좋아요.

접속사의 종류를 알고 싶어요!

- **and** [앤드]   그리고
- **or** [오어ㄹ]   또는
- **because** [비코-즈]   때문에
- **but** [벗]   그러나
- **so** [쏘우]   그래서

- **You and I are friends.**   너와 난 친구야.
  유- 앤드 아이 아ㄹ 프렌즈

⑦ 전치사 (Preposition)

전치사는 주로 명사 앞에 오는데, 그 뜻을 알아 두면 전치사가 문장에서 어떤 역할을 하는지 알 수 있을 거예요. 전치사의 종류와 뜻을 익히면 영어 문장을 만들 때 좋아요.

전치사의 종류가 궁금해요!

- **on** [온]   ~위에   ···▶ on the table [온 더 테이블] 탁자 위에
- **in** [인]   ~안에   ···▶ in the room [인 더 룸] 방 안에
- **to** [투]   ~로   ···▶ to the park [투 더 파-ㄹ크] 공원으로
- **after** [애프터ㄹ]   ~한 후에   ···▶ after school [애프터ㄹ 스쿨-] 학교를 마친 후에
- **with** [위드]   ~와 함께   ···▶ with my sister [위드 마이 씨스터ㄹ] 나의 누나와 함께

나, 너, 그리고 우리 (I, You, and We)

- I [ai] 나
- we [wi] 우리
- he [hiː] 그

- you [júː, 〈약하게〉ju, jə] 너
- they [ðéi] 그들
- she [ʃíː, ʃí] 그녀

father

mother

son

grandfather

sister

grandmother

brother

우리 가족 (Family) ● ● ●

- grandfather [grǽndfɑ̀:ðər] 할아버지
- father [fɑ́:ðər] 아버지
- husband [hʌ́zbənd] 남편
- sister [sístər] 여자형제
- son [sʌ́n] 아들

- grandmother [grǽndmʌ̀ðər] 할머니
- mother [mʌ́ðər] 어머니
- wife [wáif] 아내
- brother [brʌ́ðər] 남자형제
- daughter [dɔ́:tər] 딸

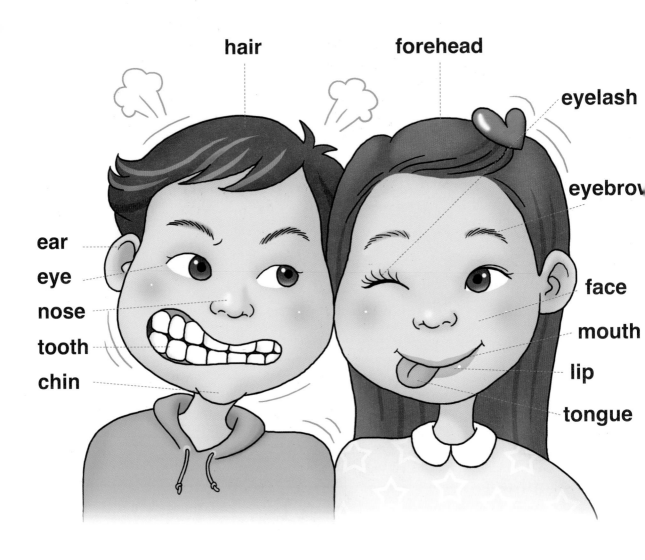

hair

forehead

eyelash

eyebrow

ear

eye

nose

tooth

chin

face

mouth

lip

tongue

나의 얼굴 (Face)

● ● ●

- hair [hέər] 머리카락
- eyebrow [áibràu] 눈썹
- nose [nóuz] 코
- tooth [tú:θ] 이
- ear [íər] 귀

- forehead [fɔ́:rhèd] 이마
- eyelash [áilæʃ] 속눈썹
- mouth [máuθ] 입
- teeth [ti:θ] tooth의 복수형
- cheek [tʃí:k] 뺨

- face [féis] 얼굴
- eye [ai] 눈
- lip [lip] 입술
- tongue [tʌ́ŋ] 혀
- chin [tʃín] 턱

124

head

chest

waist

stomach

leg

toe

finger

neck

hand

shoulder

back

arm

elbow

hip

knee

foot

나의 몸 (Body) ● ● ●

- head [hed] 머리
- chest [tʃest] 가슴
- waist [wéist] 허리
- elbow [élbou] 팔꿈치
- leg [leg] 다리
- feet [fiːt] foot의 복수형

- shoulder [ʃóuldər] 어깨
- stomach [stʌ́mək] 배
- hip [híp] 엉덩이
- finger [fíŋgər] 손가락
- knee [niː] 무릎
- toe [tóu] 발가락

- neck [nek] 목
- back [bǽk] 등
- arm [áːrm] 팔
- hand [hænd] 손
- foot [fut] 발
- body [bádi] 몸

우리 집 (House)

- house [háus] 집
- curtain [kə́:rtn] 커튼
- table [téibl] 테이블
- dining room [dáiniŋ rú:m] 식당
- refrigerator [rifrídʒərèitər] 냉장고
- clock [klák] 시계

- chimney [tʃímni] 굴뚝
- living room [líviŋ rú:m] 거실
- sofa [sóufə] 소파
- gas range [gǽs reindʒ] 가스레인지
- television [téləvìʒən] 텔레비전
- telephone [téləfòun] 전화

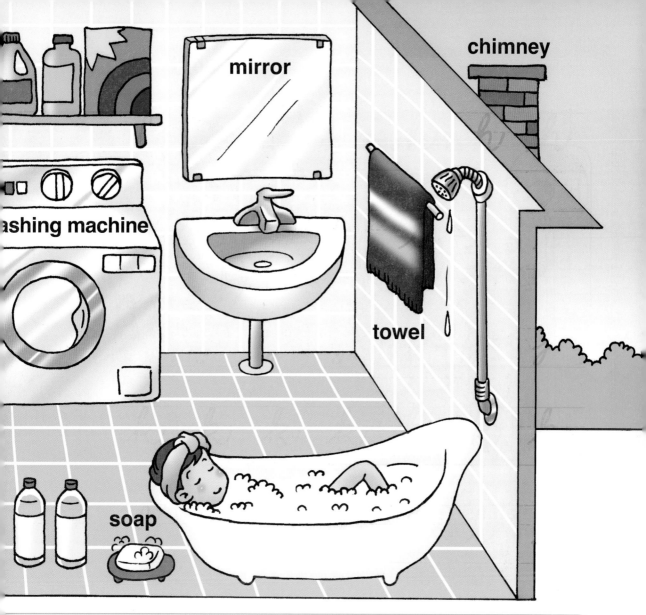

- room [rùːm] 방
- door [dɔ́ːr] 문
- washing machine [wɔ́ːʃiŋ məʃíːn] 세탁기
- mirror [mírər] 거울
- towel [táuəl] 수건
- vacuum cleaner [vǽkjuəm klíːnər] 진공청소기

- bed [bed] 침대
- window [wíndou] 창문
- iron [áiərn] 다리미
- toilet [tɔ́ilit] 화장실
- soap [sóup] 비누
- comb [kóum] 머리빗

T-shirt

vest

dress shirt

necktie

BUS

skirt

pajamas　raincoat　coat　pants　socks

예쁜 옷 (Clothes)　● ● ●

- clothes [klouz]　옷
- coat [kóut]　코트
- dress shirt [drés ʃə́ːrt] 와이셔츠
- pants [pǽnts]　바지
- shorts [ʃɔ́ːrtʃ] 반바지
- necktie [néktai] 넥타이
- pajamas [pədʒáːməz] 잠옷

- jacket [dʒǽkit]　자킷
- T-shirt [ti ʃə́ːrt]　티셔츠
- vest [vést]　조끼
- blue jeans [blúː dʒíːnz]　청바지
- skirt [skə́ːrt]　치마
- socks [sáks]　양말
- raincoat [réinkòut]　비옷

128

fruit

oil

salt

rice

meat

sausage

bread

egg

milk

vegetable   fish

맛있는 식료품 (Food)

● ● ●

- rice [ráis] 쌀
- meat [mi:t] 고기
- noodle [nu:dl] 국수
- oil [ɔ́il] 기름
- fruit [frú:t] 과일

- soup [su:p] 국
- sausage [sɔ́:sidʒ] 소시지
- milk [milk] 우유
- salt [ʃúgər] 소금
- vegetable [védʒətəbl] 채소

- bread [bred] 빵
- fish [fíʃ] 생선
- egg [eg] 계란
- sugar [ʃúgər] 설탕
- drink [driŋk] 음료

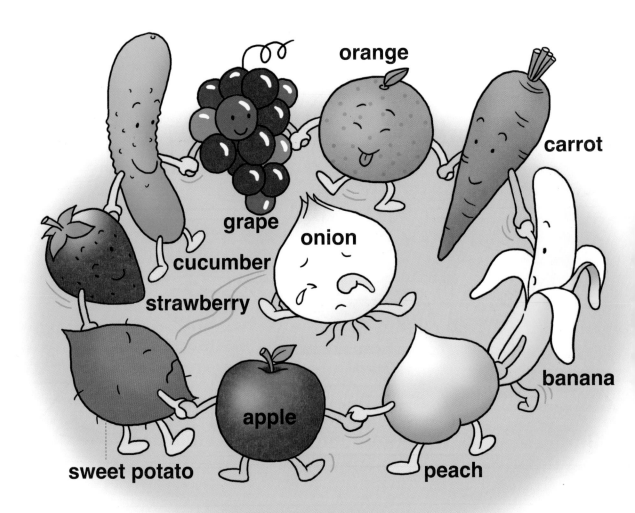

orange

carrot

grape

onion

cucumber

strawberry

banana

sweet potato

apple

peach

과일과 야채 (Fruit & Vegetables) ● ● ●

- apple [金pl] 사과
- orange [ɔ́:rindʒ] 오렌지
- grape [gréip] 포도
- banana [bənǽnə] 바나나
- tomato [təméitou] 토마토
- potato [pətéitou] 감자
- cucumber [kjú:kʌmbər] 오이
- onion [ʌ́njən] 양파

- pear [pέər] 배
- peach [pí:tʃ] 복숭아
- strawberry [strɔ́:bèri] 딸기
- watermelon [wɔ́:tərmèlən] 수박
- sweet potato [swí:t pətitou] 고구마
- carrot [kǽrət] 당근
- pumpkin [pʌ́mpkin] 호박
- melon [mélən] 멜론

spring

summer

autumn

winter

계절과 달 (Seasons & Months) ● ● ●

- spring [spríŋ] 봄
- March [má:rtʃ] 3월
- April [éiprəl] 4월
- May [méi] 5월
- autumn [ɔ́:təm] 가을
- September [septémbər] 9월
- October [ɑktóubər] 10월
- November [nouvémbər] 11월

- summer [sʌ́mər] 여름
- June [dʒú:n] 6월
- July [dʒu:lái] 7월
- August [ɔ́:gəst] 8월
- winter [wíntər] 겨울
- December [disémbər] 12월
- January [dʒǽnjuèri] 1월
- February [fébruèri] 2월

131

sun

thunder

rain

lightning

tree

자연과 날씨 (Nature & Weather)

- sky [skái] 하늘
- moon [muːn] 달
- rain [réin] 비
- thunder [θʌ́ndər] 천둥
- rainbow [réinbòu] 무지개

- sun [sʌn] 해
- star [stɑːr] 별
- snow [snóu] 눈
- lightning [láitniŋ] 번개
- weather [wéðər] 날씨

star

moon

cloud

wind

rainbow

sea

- cloud [kláud] 구름
- tree [tríː] 나무
- sea [síː] 바다
- wind [wínd] 바람

- mountain [máuntən] 산
- flower [fláuər] 꽃
- river [rívər] 강
- fog [fɔːg] 안개

133

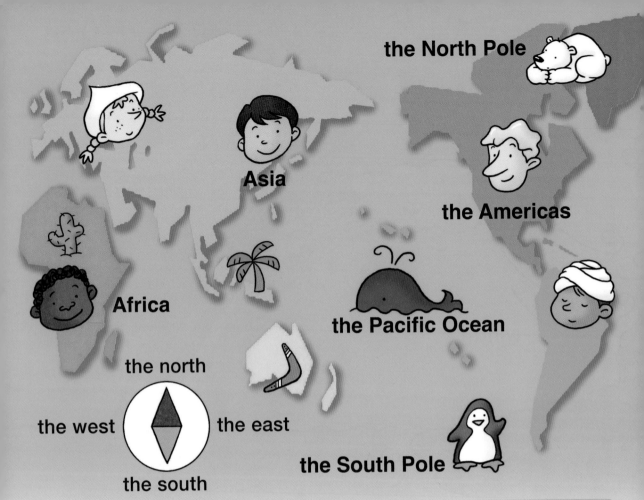

the North Pole

Asia

the Americas

Africa

the Pacific Ocean

the north

the west   the east

the south

the South Pole

방향과 지역 (Directions & Area) ● ● ●

- the east [ði íːst] 동쪽
- the west [ðə wést] 서쪽
- the south [ðə sáuθ] 남쪽
- the north [ðə nɔ́ːrθ] 북쪽
- the North Pole [ðə nɔ́ːrθ poul] 북극
- the South Pole [ðə sáuθ poul] 남극
- desert [dézərt] 사막
- the tropics [ðə trápiks] 열대지역
- Asia [éiʃə] 아시아
- Africa [ǽfrikə] 아프리카
- the Americas [ði əmérikə] 아메리카
- Oceania [óuʃiæniə] 오세아니아
- the Pacific Ocean [ðə pəsífik óuʃən] 태평양
- the Indian Ocean [ði índiən óuʃən] 인도양
- the Atlantic Ocean [ði ætlǽntik óuʃən] 대서양

색의 나라 (Color)

- color [kʌ́lər] 색
- black [blǽk] 검은색
- red [réd] 빨간색
- yellow [jélou] 노란색
- blue [blúː] 파란색
- pink [píŋk] 분홍색
- brown [bráun] 갈색

- white [hwáit] 흰색
- gray [gréi] 회색
- orange [ɔ́ːrindʒ] 주황색
- green [gríːn] 녹색
- sky blue [skái blúː] 하늘색
- purple [pə́ːrpl] 보라색
- beige [béiʒ] 베이지색

신나는 동물원 (Zoo)

- lion [láiən] 사자
- horse [hɔ́ːrs] 말
- sheep [ʃíːp] 양
- wolf [wúlf] 늑대
- rabbit [rǽbit] 토끼
- bird [bə́ːrd] 새

- tiger [táigər] 호랑이
- bear [bέər] 곰
- goat [góut] 염소
- fox [fáks] 여우
- squirrel [skwə́ːrəl] 다람쥐
- penguin [péŋgwin] 펭귄

tiger

pig

giraffe

rabbit

koala

elephant

squirrel

- leopard [lépərd] 표범
- giraffe [dʒəræf] 기린
- pig [píg] 돼지
- dog [dɔ́:g] 개
- koala [kouá:lə] 코알라
- crocodile [krákədàil] 악어

- elephant [éləfənt] 코끼리
- camel [kǽməl] 낙타
- raccoon [rækú:n] 너구리
- cat [kǽt] 고양이
- kangaroo [kæ̀ŋɡərú:] 캥거루
- snake [snéik] 뱀

137

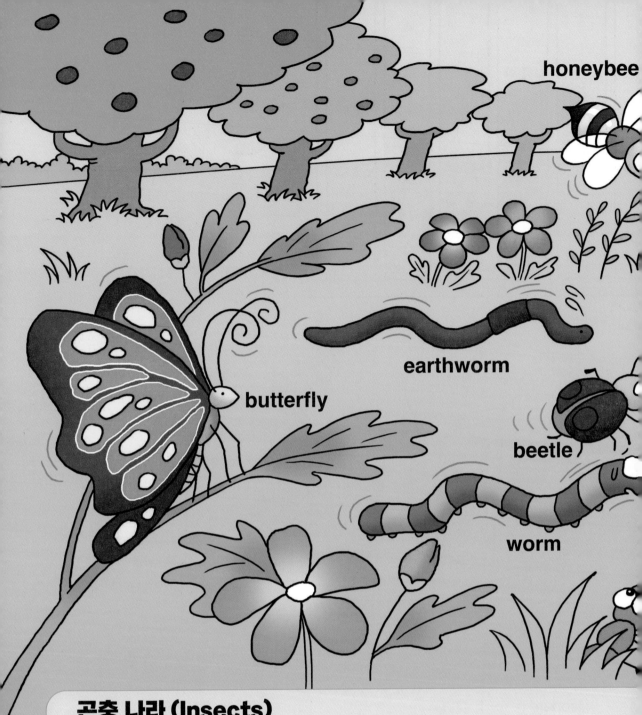

honeybee

earthworm

butterfly

beetle

worm

곤충 나라 (Insects)

- insect [ínsekt] 곤충
- worm [wə́ːrm] 벌레
- ant [ǽnt] 개미
- earthworm [ə́ːrθwəːrm] 지렁이

- dragonfly [drǽgənflài] 잠자리
- beetle [bíːtl] 딱정벌레
- spider [spáidər] 거미
- moth [mɔ́ːθ] 나방

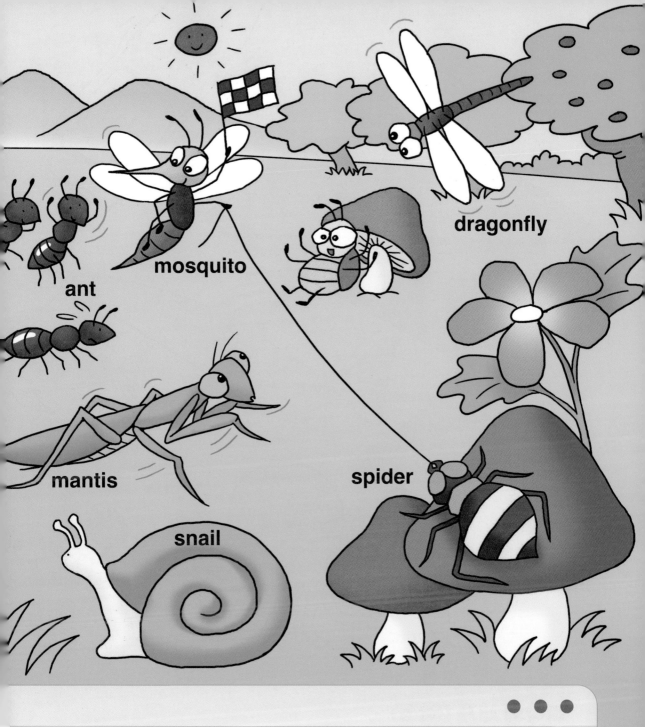

dragonfly

mosquito

ant

mantis

snail

spider

- butterfly [bʌ́tərflài] 나비
- fly [flái] 파리
- mantis [mǽntis] 사마귀
- honeybee [hʌ́nibì:] 꿀벌
- mosquito [məskí:tou] 모기
- snail [snéil] 달팽이

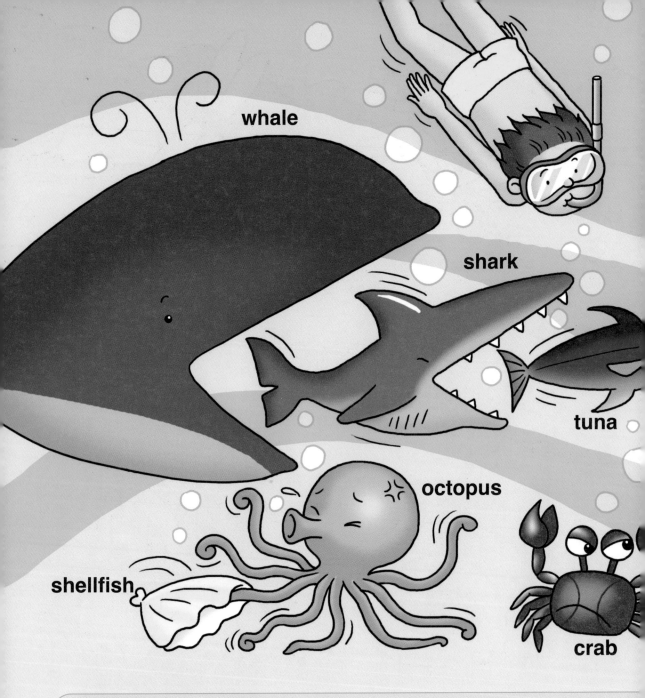

whale

shark

tuna

octopus

shellfish

crab

바다의 세계 (Sea)

- dolphin [dάlfin] 돌고래
- fish [fíʃ] 물고기
- octopus [άktəpəs] 문어
- shellfish [ʃélfiʃ] 조개

- whale [hwéil] 고래
- tuna [tʃúːnə] 참치
- squid [skwíd] 오징어
- shrimp [ʃrímp] 새우

dolphin

goldfish

seaweed

salmon

squid

starfish

- shark [ʃáːrk] 상어
- salmon [sǽmən] 연어
- crab [kræb] 게
- starfish [stáːrfiʃ] 불가사리

- goldfish [góuldfiʃ] 금붕어
- lobster [lábstər] 바다가재
- seaweed [síːwìd] 해초

141

airplane

taxi

boat

submarine

띠띠빵빵 교통수단 (Transportation)

- car [kɑːr] 자동차
- taxi [tǽksi] 택시
- ambulance [ǽmbjuləns] 구급차
- bicycle [báisikl] 자전거

- bus [bʌ́s] 버스
- truck [trʌ́k] 트럭
- fire engine [faiər éndʒin] 소방차
- motorcycle [móutərsikl] 오토바이

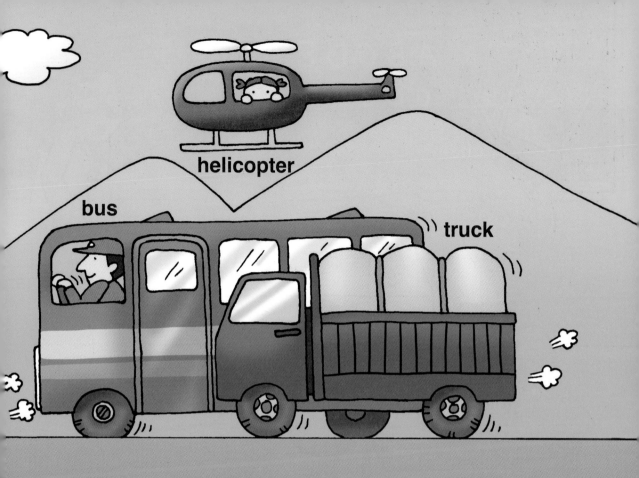

helicopter

bus

truck

subway

- train [trein] 기차
- airplane [έərplèin] 비행기
- boat [bóut] 배

- subway [sʌ́bwèi] 지하철
- helicopter [hélikὰptər] 헬리콥터
- submarine [sʌ̀bməríːn] 잠수함

신나는 학교 생활 (School Life) ● ● ●

- school [skú:l] 학교
- friend [frend] 친구
- desk [desk] 책상
- school life [skú:l láif] 학교생활
- homework [hóumwə:rk] 숙제
- classroom [klǽsrù:m] 교실

- student [stjú:dnt] 학생
- lesson [lesn] 수업
- chair [tʃέər] 의자

- class [klǽs] 학급
- test [test] 시험
- note [nóut] 공책
- teacher [tí:tʃər] 선생님
- library [láibrəri] 도서관
- restroom [réstrú:m] 화장실

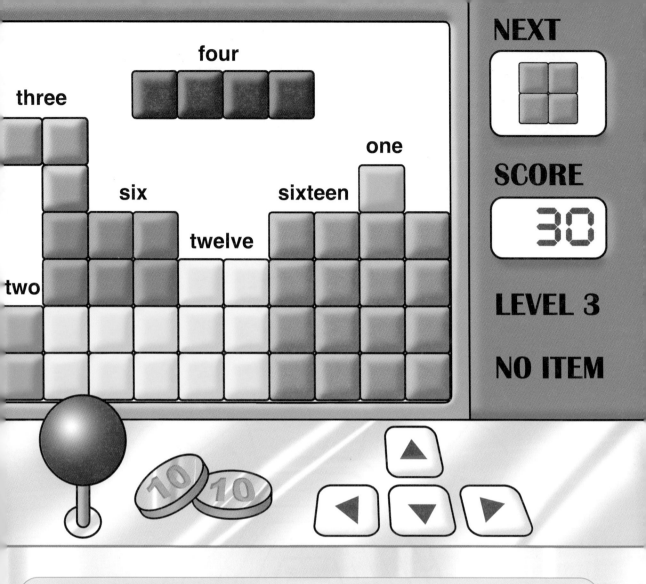

NEXT

SCORE

30

LEVEL 3

NO ITEM

four

three

six

twelve

sixteen

one

two

10 10

숫자 나라 (Number)

- one [wʌ́n] 1
- four [fɔ́ːr] 4
- seven [sévən] 7
- ten [ten] 10
- thirteen [θə̀ːrtíːn] 13
- sixteen [sìkstíːn] 16
- nineteen [nàintíːn] 19

- two [túː] 2
- five [fáiv] 5
- eight [éit] 8
- eleven [ilévən] 11
- fourteen [fɔ̀ːrtíːn] 14
- seventeen [sèvəntíːn] 17
- twenty [twénti] 20

- three [θríː] 3
- six [síks] 6
- nine [náin] 9
- twelve [twelv] 12
- fifteen [fìftíːn] 15
- eighteen [èitíːn] 18
- thirty [θə́ːrti] 30

● 치마를 통과하여 화살표 방향으로 나가 보세요!

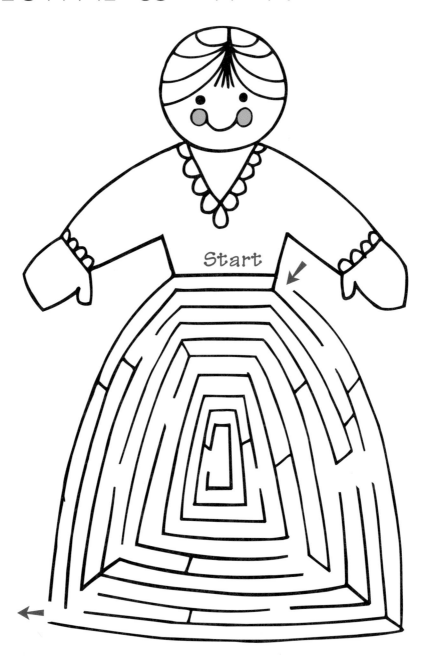

Let's Play

● 꽃을 통과하여 꿀벌을 찾아 보세요!

6. 영어 문장 익히기

영어 문장의 순서

알파벳이 모여서 영어 단어가 되고, 영어 단어가 모여서 영어 문장이 되는 거예요. 일단 주어, 목적어, 보어, 동사 정도만 알아도 간단한 영어 문장을 만들 수 있답니다. 꼭 기억해두어야 할 점은 영어 문장은 우리말과 순서가 다르다는 거예요. 쉬운 문장에서 자신감이 생기면 더 복잡하고 어려운 영어 문장에도 도전해 봐요.

영어는 우리말과 이렇게 달라요!

● 주어 + 동사 ···· 나는 달린다. ···· I run.
　　　　　　　　주어　동사　　주어　동사

주어 : 문장의 주인이 되는 단어예요. 그러므로 이 문장에서 주어는 '나'예요.

동사 : 동사는 사람이나 동물의 행동을 나타내는 단어예요. 이 문장에서는 '달린다'가 주어가 한 행동이지요? 따라서 동사는 '달린다'가 되는 거예요.

● 주어 + 동사 + 보어 ····· 나는 학생 이다. ····· I am a student.
　　　　　　　　　　　　 주어　보어　동사　　　주어　동사　　보어

영어 문장의 특징 : 영어 문장에서는 동사가 주어 다음에 와요. 우리말에서는 동사가 맨끝에 오죠? 동사가 오는 자리가 다르다는 것을 꼭 기억해 둬야 해요.

보어 : 주어에 대한 설명을 보충해 주는 단어를 말해요. 이 문장에서 보어는 '학생'이에요.

● 주어 + 동사 + 목적어 ····· 나는 바나나를 좋아해요. ····· I like bananas.
　　　　　　　　　　　　　 주어　목적어　　동사　　　주어　동사　　목적어

목적어 : '나는 좋아해요.'라고 말한다면 무엇을 좋아한다는 것인지 궁금하겠지요? 이렇게 '무엇을'에 해당하는 단어를 목적어라고 해요. 이 문장에서 나는 바나나를 좋아하니까 목적어는 '바나나'가 되는 거예요.

이제부터 영어 문장을 익혀봐요. 우리말과 어떻게 다른지 비교해가면서 큰 소리로 따라 읽어봐요.

ENGLISH

나는 누구일까?

'나는 ~입니다'는 영어로 'I am~'이라고 해요. 이 문장에서 '나'는 주어예요. 영어는 주어 다음에 동사가 바로 나온답니다. 이 문장에 쓰인 동사 'am'은 'be동사'라고 해요. be동사는 'I'와 함께 쓰이면 'am'으로 모양이 바뀌게 돼요. 이 표현만 알아도 나에 대해서 여러 가지를 표현할 수 있어요.

□ I am a boy.   나는 소년이에요.

□ I am nine.   나는 아홉 살이에요.

□ I am a student.   나는 학생이에요.

□ I am Tom.   나는 탐이에요.

150

□ I am strong.　　　　　나는 튼튼해요.

□ I am tall.　　　　　　나는 키가 커요.

□ I am happy.　　　　　나는 행복해요.

□ I am hungry.　　　　 나는 배가 고파요.

□ I am sleepy.　　　　 나는 졸려요.

- boy [bɔ́i] 소년
- Tom [tam] 탐 (사람 이름)
- happy [hǽpi] 행복한
- a [ə] 하나의 / 어떤
- nine [náin] 아홉 / 9
- strong [strɔ́ːŋ] 강한 / 튼튼한
- hungry [hʌ́ŋgri] 배고픈
- am [em] ~은[는] ~이다 / ~이[가] ~있다
- student [stʄúːdnt] 학생
- tall [tɔ́ːl] 키가 큰
- sleepy [slíːpi] 졸린

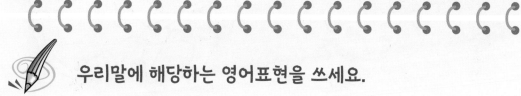

우리말에 해당하는 영어표현을 쓰세요.

1. 나는 아홉 살이에요.

···➡ _____

2. 나는 학생이에요.

···➡ _____

151

② 그녀를 소개할게!

'그녀는 ~입니다'는 영어로 'She is~'라고 해요. 'she'는 '그 여자 / 그 여자애 / 그녀'라는 뜻이에요. 내가 설명하려는 누군가가 여자이면 모두 'she'로 나타낼 수 있어요. 이 문장에 쓰인 동사 'is'는 'be 동사'라고 해요. be동사는 'she'와 함께 쓰이면 'is'로 모양이 바뀌게 돼요. 이 표현만 알아도 여러 가지를 말할 수 있어요.

□ She is my mom.   그녀는 나의 엄마예요.

□ She is forty.   그녀는 40살이에요.

□ She is a doctor.   그녀는 의사예요.

□ She is Jane.   그녀는 제인이에요.

☐ She is fat.   그녀는 뚱뚱해요.

☐ She is short.   그녀는 키가 작아요.

☐ She is kind.   그녀는 친절해요.

☐ She is beautiful.   그녀는 아름다워요.

☐ She is angry.   그녀는 화났어요.

단어가 쑥쑥!

- my [mái, mài] 나의
- doctor [dáktər] 의사
- short [ʃɔːrt] 짧은 / 키가 작은
- is [iz] ~이[가] ~이다 / ~은[는] ~있다
- mom [mám] 엄마
- Jane [dʒéin] 제인(사람 이름)
- beautiful [bjúːtəfəl] 아름다운
- forty [fɔ́ːrti] 40 / 마흔
- fat [fǽt] 뚱뚱한
- kind [káind] 친절한
- angry [ǽŋgri] 화난

 우리말에 해당하는 영어표현을 쓰세요.

❶ 그녀는 나의 엄마예요.

⋯▶ _____

❷ 그녀는 키가 작아요.

⋯▶ _____

3 그를 소개할게!

'그는 ~입니다'는 영어로 'He is~'라고 해요. 'he'는 '그 / 그 남자애 / 그 남자'라는 뜻이에요. 내가 설명하려는 누군가가 남자이면 모두 'he'로 나타낼 수 있어요. 이 문장에 쓰인 동사 'is'는 'be동사'라고 해요. be동사는 'he'와 함께 쓰이면 'is'로 모양이 바뀌게 돼요. 이 표현만 알아도 여러 가지를 말할 수 있어요.

□ He is my father.   그는 나의 아빠예요.

□ He is forty-three.   그는 마흔 세 살이에요.

□ He is a teacher.   그는 선생님이에요.

□ He is Dong-ho Lee.   그는 이동호예요.

□ He is brave.   그는 용감해요.

□ He is nice.   그는 멋있어요.

□ He is handsome.   그는 미남이에요.

□ He is tired.   그는 피곤해요.

□ He is weak.   그는 약해요.

단어가 쑥쑥!

- He [híː] 그 / 그 남자 / 그 남자애   · father [fáːðər] 아빠 / 아버지   · brave [bréiv] 용감한
- forty-three [fɔ́ːrti θríː] 43 / 마흔 셋   · nice [náis] 좋은 / 멋진
- teacher [tiːtʃə(r)] 선생님   · tired [táiərd] 피곤한
- handsome [hǽnsəm] 잘생긴 / 미남인   · weak [wíːk] 약한

우리말에 해당하는 영어표현을 쓰세요.

❶ 그는 마흔 세 살이에요.

···▶
_____

❷ 그는 멋있어요.

···▶
_____

나는 그것이 아니야!

'나는 ~아니에요 / ~않아요'는 영어로 'I am not~'라고 해요. be동사 다음에 'not'를 쓰면 무엇인가를 부정하는 말이 돼요. 'He is not~'는 '그는 ~아니에요 / ~않아요'라는 뜻이고, 'She is not~'는 '그녀는 ~아니에요 / ~않아요'라는 뜻이에요. 이렇게 무엇인가를 부정하고 싶으면 'not'를 동사 다음에 쓰면 된답니다.

- I am not a girl.   나는 소녀가 아니에요.

- I am not eight.   나는 여덟 살이 아니에요.

- I am not a singer.   나는 가수가 아니에요.

- He is not young.   그는 젊지 않아요.

156

□ He is not my grandfather.   그는 나의 할아버지가 아니에요.

□ He is not sick.   그는 아프지 않아요.

□ She is not tall.   그녀는 키가 크지 않아요.

□ She is not hungry.   그녀는 배고프지 않아요.

□ She is not sleepy.   그녀는 졸리지 않아요.

- young [jʌŋ] 젊은 / 나이 어린
- eight [éit] 8 / 여덟
- tall [tɔ́:l] 키가 큰
- grandfather [grǽndfɑ̀:ðər] 할아버지
- not [nɑt] ~아닌
- singer [síŋər] 가수
- hungry [hʌ́ŋgri] 배고픈
- girl [gə:rl] 소녀
- sick [sík] 아픈
- sleepy [slí:pi] 졸린

 우리말에 해당하는 영어표현을 쓰세요.

❶ 그는 나의 할아버지가 아니에요.

⋯▶

＿＿＿＿＿＿＿＿＿＿＿＿＿＿＿＿＿＿＿＿＿

❷ 그녀는 키가 크지 않아요.

⋯▶

＿＿＿＿＿＿＿＿＿＿＿＿＿＿＿＿＿＿＿＿＿

정답 1) He is not my grandfather. 2) She is not tall.

5 우리 서로 인사하자!

우리말처럼 영어에도 여러 인사말이 있어요. 가까운 친구에게 쓰는 간단한 인사말부터 어른에게 쓰는 정중한 표현까지 다양하게 있어요. 특히 아침, 점심, 저녁에 쓰는 인사말이 다르니까 때에 맞게 골라 써야 돼요. 헤어질 때에도 여러 표현이 있으니까 잘 배워서 직접 활용해 봐요. 자, 여러 가지 인사말을 해볼까요?

- Hi.   안녕.

- Hello.   안녕하세요.

- How are you?   안녕하세요?

- Good morning, Dong-ho.   안녕, 동호 [오전]

158

□ Good afternoon, Dong-ho.　　　안녕, 동호 [오후]

□ Good evening, Dong-ho.　　　안녕, 동호 [저녁]

□ Good night, Hyo-ri.　　　잘 자요, 효리

□ See you tomorrow.　　　내일 봐요.

□ Have a good time.　　　좋은 시간 되세요.

· Hi [hái] 안녕(친구에게 쓰는 인사말)　· Hello [helóu] 안녕하세요 / 여보세요　· time [táim] 시간
· how [háu] 어떻게 / 얼마나　· good [gúd] 좋은　· morning [mɔ́ːʧniŋ] 아침
· afternoon [æftərnúːn] 오후　· evening [íːvniŋ] 저녁　· night [náit] 저녁 / 밤
· see [síː] 보다　· tomorrow [təmɔ́ːrou] 내일　· have [hæv] 가지다 / 먹다

 우리말에 해당하는 영어표현을 쓰세요.

❶ 안녕, 동호. (오후)

···▶
_____

❷ 좋은 시간 되세요.

···▶
_____

정답　1) Good afternoon, Dong-ho.　2) Have a good time.

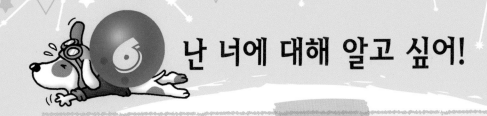

난 너에 대해 알고 싶어!

누군가를 만나면 궁금한 것이 많지요? '너 ~이니?' 혹은 '당신은 ~입니까?'라는 말은 영어로 'Are you~?'라고 하면 돼요. 'Are you~?'라고 누군가 물어 오면 'Yes, I am. (응, 맞아. / 예, 맞습니다.)' 이나 'No, I'm not. (아니야. / 아닙니다.)'라고 대답하면 돼요. 생활하면서 자주 쓰니까 잘 익혀 두세요.

☐ Are you Dong-ho?   너 동호니?

☐ Are you a student?   너 학생이니?

☐ Are you ten?   너 열 살이니?

☐ Are you ready?   너 준비됐니?

□ Are you sad?　　　　　　　너 슬프니?

□ Are you bored?　　　　　　너 지루하니?

□ Are you scared?　　　　　너 겁나니?

□ Are you sure?　　　　　　너 확실하니?

□ Are you from Japan?　　　너 일본에서 왔니?

단어가 쏙쏙!

- actor [ǽktər] 배우
- sad [sǽd] 슬픈
- sure [ʃúər] 확신하는 / 틀림없는
- are [ɑːr] ~이다 / ~있다 (you와 함께 쓰는 be동사)
- ten [ten] 10 / 열
- bored [bɔ́ːrd] 지루한
- from [frʌ́m] ~로부터
- ready [rédi] 준비가 된
- scared [skɛ́ərd] 겁이 난
- Japan [dʒəpǽn] 일본
- you [júː, 〈약하게〉ju, jə] 너를 / 당신을

우리말에 해당하는 영어표현을 쓰세요.

❶ 너 열 살이니?

⋯▸ _____

❷ 너 일본에서 왔니?

⋯▸ _____

나는 우리 가족이 좋아!

누군가를 좋아한다는 표현은 영어로 어떻게 하면 될까요? '나는 ~이[가] 좋아요'라고 말하고 싶을 때는 영어로 'I like~'라고 하면 돼요. 'like' 다음에는 좋아하는 것을 넣어 말하면 돼요. 내가 좋아하는 사람을 넣을 때, he는 him으로, she는 her로 형태를 바꿔서 넣어야 해요. 이 점을 꼭 기억해 둬요.

□ I like my family.　　　　나는 나의 가족이 좋아.

□ I like my father.　　　　나는 나의 아빠가 좋아.

□ I like my mother.　　　　나는 나의 엄마가 좋아.

□ I like my sister.　　　　나는 나의 누나 [언니 / 여동생]가 좋아.

162

□ I like my brother.   나는 나의 형 [오빠/남동생]이 좋아.

□ I like my friend.   나는 나의 친구를 좋아해.

□ I like him.   나는 그를 좋아해.

□ I like her.   나는 그녀를 좋아해.

□ I like you.   나는 너를 좋아해.

단어가 쑥쑥!

· like [láik] 좋아하다   · mother [mʌ́ðər] 엄마 / 어머니   · family [fǽməli] 가족
· sister [sístər] 누나 / 언니 / 여동생   · brother [brʌ́ðər] 형 / 오빠 / 남동생
· him [hím] 그를 / 그 남자를 / 그 남자애를   · her [hə́ːr] 그녀를 / 그 여자를 / 그 여자애를
· friend [frend] 친구   · you [júː, 〈약하게〉ju, jə] 너를 / 당신을

 우리말에 해당하는 영어표현을 쓰세요.

❶ 나는 나의 친구를 좋아해.

···▶

_____

❷ 나는 너를 좋아해.

···▶

_____

1) I like my friend.   2) I like you.   정답

163

8 난 그게 싫어!

무엇인가를 싫어한다는 표현은 영어로 어떻게 하면 될까요? '나는 ~이[가] 싫어요'라고 말하고 싶을 때는 영어로 'I do not like~'라고 하면 돼요. 'do not like' 뒤에 싫어하는 것을 넣어 말하면 돼요. 줄여서 don't like로 쓰기도 해요. 내가 싫어하는 사람을 넣을 때, he는 him으로, she는 her로 형태를 바꿔서 넣어야 해요.

☐ I do not like milk.   난 우유가 싫어요.

☐ I do not like apples.   난 사과가 싫어요.

☐ I do not like bananas.   난 바나나가 싫어요.

☐ I do not like girls.   난 여자애들이 싫어요.

□ I do not like winter.   난 겨울이 싫어요.

□ I do not like July.   난 7월이 싫어요.

□ I do not like homework.   난 숙제가 싫어요.

□ I do not like television.   난 텔레비전이 싫어요.

□ I do not like snakes.   난 뱀이 싫어요.

- **do not** [dú: nɑt] ~아니다
- **milk** [mílk] 우유
- **winter** [wíntər] 겨울
- **homework** [hóumwə:rk] 숙제
- **television** [téləvìʒən] 텔레비전
- **July** [dʒuːlái] 7월
- **apples** [æplz] 사과 (apple의 복수형이에요.)
- **bananas** [bənǽnəz] 바나나 (banana의 복수형이에요.)
- **girls** [gə́:rlz] 여자애들 (girl의 복수형이에요.)
- **snakes** [snéiks] 뱀 (snake의 복수형이에요.)

 우리말에 해당하는 영어표현을 쓰세요.

❶ 나는 여자애들이 싫어요.

…▶

_____

❷ 나는 숙제가 싫어요.

…▶

_____

너 나 좋아해?

친구에게 무엇인가를 좋아하냐고 묻고 싶을 때 영어로 어떻게 하면 될까요? '너는 ~좋아해?'라고 말하고 싶을 때는 영어로 'Do you like~?'라고 하면 돼요. 이런 질문을 받으면 'Yes, I do. (응, 맞아. / 예, 맞습니다.)'또는 'No, I don't. (아니야. / 아닙니다.)'라고 대답하면 된답니다. don't는 'do not'의 줄임말이에요.

□ Do you like me?	너 나 좋아해?
□ Do you like her?	너 그녀를 좋아해?
□ Do you like him?	너 그를 좋아해?
□ Do you like ice cream?	너 아이스크림 좋아해?

□ Do you like baseball?　　너 야구 좋아해?

□ Do you like bubble gum?　　너 풍선껌 좋아해?

□ Do you like cats?　　너 고양이 좋아해?

□ Do you like dogs?　　너 개 좋아해?

□ Do you like bears?　　너 곰 좋아?

- me [mí:] 나를　　· ice cream [áis krì:m] 아이스크림　　· baseball [béisbɔ̀:l] 야구
- her [hə́:r] 그녀를 / 그 여자를 / 그 여자애를　　· him [hím] 그를 / 그 남자를 / 그 남자애를
- bears [béərz] 곰 (bear의 복수형이에요.)　　· bubble-gum [bʌ́blgʌ̀m] 풍선껌
- cats [kǽts] 고양이 (cat의 복수형이에요.)　　· dogs [dɔ́:gz] 개 (dog의 복수형이에요.)

우리말에 해당하는 영어표현을 쓰세요.

❶ 너 나 좋아해?

···→
_____

❷ 너 아이스크림 좋아해?

···→
_____

10 난 할 수 있어.

무엇인가를 할 수 있다는 말은 영어로 어떻게 하면 될까요? '나는 ~을[를] 할 수 있어'라고 말하고 싶을 때는 영어로 'I can~'이라고 하면 된답니다. 'can'은 조동사라고 해요. 조동사는 동사 앞에 와서 동사의 뜻을 돕는 역할을 해요. 여기서 'can'은 조동사로 동사 앞에 오고 '~할 수 있는'이라는 뜻을 나타내요.

□ I can play the piano.   나는 피아노를 칠 수 있어.

□ I can play the violin.   나는 바이올린을 켤 수 있어.

□ I can play soccer.   나는 축구를 할 수 있어.

□ I can speak English.   나는 영어를 말할 수 있어.

168

□ I can read English.   나는 영어를 읽을 수 있어.

□ I can write in English.   나는 영어를 쓸 수 있어.

□ I can swim.   나는 수영할 수 있어.

□ I can do this.   나는 이것을 할 수 있어.

□ I can help you.   나는 너를 도울 수 있어.

- the [〈자음 앞〉ðə, 〈모음 앞〉ði] 그
- soccer [sákər] 축구
- read [rí:d] 읽다
- do [dú:] 하다
- can [kǽn] ~할 수 있는
- piano [piǽnou] 피아노
- speak [spí:k] 말하다
- write [ráit] 쓰다
- this [ðís] 이것
- play [pléi] 놀다 / 게임하다 / 연주하다
- violin [vàiəlín] 바이올린
- English [íŋgliʃ] 영어
- swim [swím] 수영하다
- help [hélp] 돕다

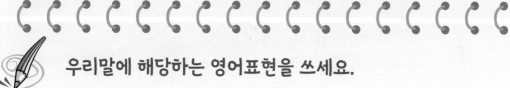

우리말에 해당하는 영어표현을 쓰세요.

❶ 나는 축구를 할 수 있어.

…▶
_____

❷ 나는 영어를 말할 수 있어.

…▶
_____

11 나는 그것을 못해.

무엇인가를 할 수 없다는 말은 영어로 어떻게 하면 될까요? '나는 ~을[를] 못해'라고 말하고 싶을 때는 영어로 I can't~라고 하면 된답니다. can't는 '~할 수 없는'이라는 뜻으로 'cannot'의 줄임말이에요. 영어는 이렇게 줄임말을 많이 써요. 줄임말이 나올 때마다 꼭 익히고 넘어가도록 해요.

☐ I can't play the guitar.   나는 기타를 치지 못해.

☐ I can't play the cello.   나는 첼로를 켜지 못해.

☐ I can't play basketball.   나는 농구를 하지 못해.

☐ She can't read a book.   그녀는 책을 읽지 못해.

□ She can't speak Korean.　　　그녀는 한국말을 하지 못해.

□ She can't write a novel.　　　그녀는 소설을 쓰지 못해.

□ He can't fly.　　　그는 날지 못해.

□ He can't do that.　　　그는 저것을 못해.

□ He can't help them.　　　그는 그들을 돕지 못해.

- basketball [bǽskitbɔ̀:l] 농구
- Korean [kəríːən] 한국어
- fly [flái] 날다
- guitar [gitáːr] 기타
- book [búk] 책
- that [ðǽt] 저것
- cello [tʃélou] 첼로
- novel [návəl] 소설
- them [ðém] 그들을 / 그 사람들을 / 그 애들을

 우리말에 해당하는 영어표현을 쓰세요.

❶ 나는 저것을 못해.

⋯▸

_____

❷ 그녀는 책을 읽지 못해.

⋯▸

_____

171

그것을 할 수 있어?

무엇인가를 할 수 있냐고 묻는 말은 영어로 어떻게 하면 될까요? '너는 ~을[를] 할 수 있니?'라고 말하고 싶을 때는 영어로 'Can you~?'라고 하면 된답니다. 묻는 상대가 친구가 아니라 다른 사람이라면 you 대신에 남자는 he, 여자는 she, 그들이면 they, 우리면 we로 바꿔 쓰기만 하면 돼요.

□ Can you go to the park?　　　너 공원에 갈 수 있니?

□ Can you join us?　　　너 우리와 함께 할 수 있니?

□ Can you tell me?　　　너 나에게 말할 수 있니?

□ Can you try it?　　　너 그것을 해 볼 수 있니?

172

□ Can you come to our house?　　너 우리 집에 올 수 있니?

□ Can you believe this?　　너 이것을 믿을 수 있니?

□ Can he sing a song?　　그는 노래할 수 있니?

□ Can they help him?　　그들은 그를 도울 수 있니?

□ Can she wash the dishes?　　그녀는 설거지할 수 있니?

단어가 쑥쑥!

· to the park [tu ðə páːrk] 공원에　　· come [kʌm] 오다　　· us [ʌs] 우리를 / 우리에게
· tell [tel] 말하다　　· believe [bilíːv] 믿다　　· try [trái] 시도하다 / 노력하다
· sing [siŋ] 노래 부르다　　· song [sɔːŋ] 노래　　· him [him] 그를
· dishes [díʃz] 그릇 / 접시 (dish의 복수형이에요.)　　· wash [wɑʃ] 씻다 / 빨래하다
· to our house [tu áuər háus] 우리 집에　　· join [dʒɔ́in] 합류하다 / 함께하다

우리말에 해당하는 영어표현을 쓰세요.

❶ 너 우리 집에 올 수 있니?

┈┈➤
_____

❷ 그는 노래할 수 있니?

┈┈➤
_____

13 지금 몇 시야?

지금 몇 시인지 묻는 말은 영어로 어떻게 하면 될까요? '지금 몇 시에요?'라고 말하고 싶을 때는 영어로 'What time is it?'라고 하면 된답니다. 이렇게 시간을 누군가 물어 오면 'It is + 시간'이라고 대답해 주면 돼요. 시간을 자유롭게 말하려면 영어로 숫자를 잘 알아야 된답니다.

- What time is it?   몇 시야?

- It is three o'clock.   3시야.

- What time is it now?   지금 몇 시야?

- It is ten o'clock.   10시야.

□ It is ten thirty.   10시 30분이야.

□ It is ten twenty.   10시 20분이야.

□ It is half past nine.   9시 30분이야.

□ It is three forty.   3시 40분이야.

□ It is time to go home.   집에 갈 시간이야.

- what [*h*wat, *h*wʌ́t] 무엇 / 몇 / 무슨   · It is [it iz]~ 그것은 ~이다   · time [táim] 시간
- ten o'clock [tén əklák] 10시   · half [há:f] 반 / 30분   · now [nau] 지금
- ten twenty [tén twénti] 10시 20분   · three forty [θrí: fɔ́:rti] 3시 40분
- It is time to [it iz táim tu]~ ~할 시간이다   · go [góu] 가다

우리말에 해당하는 영어표현을 쓰세요.

❶ 지금 몇 시지?

⋯▶
_____

❷ 10시 20분이야.

⋯▶
_____

날씨가 추워!

날씨가 어떻다는 것을 말하려면 영어로 어떻게 하면 될까요? '날씨가 ~해요'라고 말하고 싶을 때는 영어로 'It is + 날씨 상태'라고 하면 된답니다. 이때 'It'는 아무런 뜻이 없는 단어예요. 하지만 날씨를 표현하고 싶을 때에는 반드시 써야 한답니다. 날씨에 관한 다양한 표현을 익혀서 직접 말해 봐요.

□ **It is cold.**   날씨가 추워요.

□ **It is hot.**   날씨가 더워요.

□ **It is warm.**   날씨가 따뜻해요.

□ **It is sunny.**   화창해요.

☐ It is cloudy. 구름이 꼈어요.

☐ It is windy. 바람이 불어요.

☐ It is raining. 비가 오고 있어요.

☐ It is snowing. 눈이 오고 있어요.

☐ It is humid. 날씨가 습해요.

 단어가 쑥쑥!

· cold [kóuld] 추운   · hot [hát] 더운   · warm [wɔ́:rm] 따뜻한
· sunny [sʌ́ni] 화창한   · cloudy [kláudi] 구름 낀   · windy [wíndi] 바람 부는
· raining [réiniŋ] 비가 오는 · snowing [snóuiŋ] 눈이 오는 · humid [hjú:mid] 습기찬 / 습한

 우리말에 해당하는 영어표현을 쓰세요.

❶ 날씨가 추워요.

···▶
_____

❷ 눈이 오고 있어요.

···▶
_____

15 우리 함께 하자!

친구나 사람들에게 무엇인가를 함께 하자고 말하려면 영어로 어떻게 하면 될까요? '우리 ~하자'라고 말하고 싶을 때는 영어로 Let's~라고 하면 된답니다. Let's는 'Let us'의 줄임말로, 함께 뭔가를 하자고 권유할 때 쓰는 표현이에요. 이 표현만 알면 친구들에게 여러 가지를 제안할 수 있답니다.

□ Let's go to the park.   공원에 가자.

□ Let's go to the zoo.   동물원에 가자.

□ Let's go to school.   학교에 가자.

□ Let's have dinner.   저녁 먹자.

178

□ Let's watch TV. 텔레비전 보자.

□ Let's study English. 영어공부하자.

□ Let's go to bed. 잠자러 가자.

□ Let's take a break. 쉬자.

□ Let's go home. 집에 가자.

· zoo [zuː] 동물원　· have [hæv] 가지다 / 먹다　· dinner [dínər] 저녁식사
· watch [wɑtʃ] 보다　· take a break [teik ə bréik] 쉬다　· study [stʌ́di] 공부하다
· bed [bed] 침대　· go to bed [gou tu bed] 자러 가다　· go home [gou houm] 집에 가다
· Let's [lets] 우리 함께 ~하자(Let us의 줄임말이에요.)　· TV [tiːvi] 텔레비전(television의 줄임말이에요.)

 우리말에 해당하는 영어표현을 쓰세요.

❶ 학교에 가자.

⋯▶
_____

❷ 영어공부하자.

⋯▶
_____

16 이것 봐!

친구나 사람들에게 어떤 행동을 하게 하려면 영어로 어떻게 하면 될까요? '~해 / ~해 주세요'라고 말하고 싶을 때는 '명령문'을 만들어 쓰면 돼요. 영어 문장은 보통 '주어 + 동사~' 이렇게 되어 있지만, 명령문은 문장 맨 앞에 동사가 나오게 돼요. 이때 동사는 어떤 변화도 없는 동사 본래의 형태인 동사원형을 쓴답니다.

☐ Look at this.   이것 봐.

☐ Look at that.   저것 봐.

☐ Help me.   도와 줘.

☐ Clean your room.   네 방 청소해.

180

□ Stand up.   일어서.

□ Sit down.   앉아.

□ Open your book.   책을 펴세요.

□ Close your book.   책을 덮으세요.

□ Listen and repeat.   듣고 따라 하세요.

- look [lúk] 보다   · at [ət, æt] ~에 / ~의   · clean [klíːn] 청소
- your [júər, jɔ́ːr] 너의   · stand [stǽnd] 일어나다   · up [ʌp] ~위에 / ~위로
- sit [sít] 앉다   · down [dáun] ~아래에 / ~아래로   · open [óupən] 열다
- close [klóuz] 닫다   · repeat [ripíːt] 반복하다 / 따라하다 · listen [lísn] 듣다

 우리말에 해당하는 영어표현을 쓰세요.

❶ 도와 줘.

⋯▶

_____

❷ 듣고 따라 하세요.

⋯▶

_____

17 만지지 마!

친구나 사람들에게 어떤 행동을 하지 못하게 하려면 영어로 어떻게 하면 될까요? '~하지마 / ~하지 말아 주세요'라고 말하고 싶을 때는 '명령문' 앞에 Don't를 넣어 쓰면 돼요. Don't는 'Do not'의 줄임 말이에요. 이때 Don't 다음에 나오는 동사는 본래의 형태인 동사원형을 쓴답니다.

□ Don't touch it.   그것 만지지 마.

□ Don't look at that.   그것 보지 마.

□ Don't read this.   이것을 읽지 마.

□ Don't worry.   걱정하지 마.

182

□ Don't cry.   울지 마.

□ Don't be sad.   슬퍼하지 마.

□ Don't be afraid.   두려워 하지 마.

□ Don't hurry.   서두르지 마.

□ Don't watch TV.   텔레비전 보지 마.

- touch [tʌtʃ] 만지다   · look [lúk] 보다   · read [ríːd] 읽다
- worry [wə́ːri] 걱정하다   · cry [krái] 울다   · sad [sǽd] 슬픈
- afraid [əfréid] 두려운   · hurry [hə́ːri] 서두르다   · watch [wátʃ] 보다
- Don't [dount] ~하지 마(Do not의 줄임말이에요.)   · be [bi, bíː] ~이다 / ~있다

 우리말에 해당하는 영어표현을 쓰세요.

❶ 걱정하지 마.

···▶

_____

❷ 서두르지 마.

···▶

_____

18 이게 뭐야?

주위에 처음 보는 것이 있어 누군가에게 묻고 싶으면 영어로 어떻게 하면 될까요? '~은 무엇이니?' 라고 말하고 싶을 때는 영어로 'What is~?'라고 하면 돼요. 이때 가까이 있는 것은 'This is~'라고 대답하고, 저쪽에 떨어져 있는 것은 'That is~'라고 하면 돼요. 이 표현을 이용해서 많은 것을 묻고 대답해 봐요.

- □ **What is this?**   이게 뭐야?

- □ **This is a desk.**   이것은 책상이야.

- □ **This is a chair.**   이것은 의자야.

- □ **This is a pencil.**   이것은 연필이야.

□ This is an eraser.   이것은 지우개야.

□ This is a notebook.   이것은 공책이야.

□ What is that?   저것은 뭐야?

□ That is a computer.   저것은 컴퓨터야.

□ That is a mirror.   저것은 거울이야.

- desk [désk] 책상   · chair [tʃɛ́ər] 의자   · pencil [pénsəl] 연필
- eraser [iréizər] 지우개   · notebook [nóutbuk] 공책   · that [ðǽt] 저것
- computer [kəmpjúːtər] 컴퓨터   · mirror [mírər] 거울
- What is [hwɑ́t iz]~ ~은[는] 무엇입니까?   · This is [ðís iz]~ 이것은 ~입니다

 우리말에 해당하는 영어표현을 쓰세요.

❶ 이게 뭐야?

···▶

_____

❷ 이것은 지우개야.

···▶

_____

난 될 거야!

자신이나 누군가가 앞으로 무엇을 할 건지 말하고 싶을 때 영어로는 어떻게 표현하면 될까요? 'I am going to + 동사원형'을 이용하면 된답니다. 이것은 '~할 예정이야, ~할 계획이야'라는 뜻이에요. 여기에서 'going'은 어디에 간다는 뜻의 'go'와는 다른 거예요. I 대신에 he, she, we, they를 넣어 문장을 만들면 다른 사람의 경우를 나타낼 수 있어요.

□ I am going to be a doctor.　　　　난 의사가 될 거야.

□ I am going to watch TV.　　　　난 텔레비전을 볼 거야.

□ I am going to have lunch.　　　　난 점심을 먹을 거야.

□ I am going to buy a pencil.　　　　난 연필을 살 거야.

186

□ I am going to go bowling.   난 볼링 치러 갈 거야.

□ I am going to take a vacation.   난 휴가를 갈 거야.

□ He is going to take the subway.   그 남자는 지하철을 탈 거야.

□ We're going to go to school.   우리는 학교에 갈 거야.

□ They're going to keep quiet.   그들은 조용히 있을 거야.

· doctor [dάktər] 의사   · watch [wάtʃ] 보다   · have [hǽv] 먹다 / 가지다
· lunch [lʌ́ntʃ] 점심식사   · buy [bάi] 사다   · go [góu] 가다
· take a vacation [téik ə veikéiʃən] 휴가를 갖다   · school [sku:l] 학교
· take the subway [téik ðə sʌ́bwèi] 지하철을 타다   · keep quiet [kíːp kwáiət] 조용하다

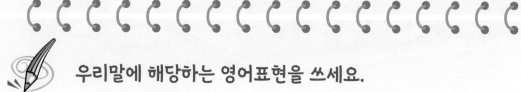

우리말에 해당하는 영어표현을 쓰세요.

❶ 난 의사가 될 거야.

···▶

_____

❷ 난 텔레비전을 볼 거야.

···▶

_____

20 오늘은 무슨 날이야?

일상생활에서 자주 접하게 되는 것 중에 하나가 요일에 관한 대화예요. 요일을 묻고 대답하는 표현에는 어떤 것들이 있을까요? 우선 월요일부터 일요일까지를 영어로 쓸 줄 알아야 돼요. 요일을 쓴 다음에는 1월부터 12월까지 영어로 어떻게 쓰지는도 꼭 알야둬야 한답니다. 처음에는 어렵지만 차차 배워가면서 하나씩 익혀 나가요.

□ What day is it today?   오늘 무슨 요일이니?

□ It is Monday.   월요일이야.

□ It is Tuesday.   화요일이야.

□ It is Wednesday.   수요일이야.

188

□ Today is Thursday.   오늘은 목요일이야.

□ Today is Friday.   오늘은 금요일이야.

□ Today is Saturday.   오늘은 토요일이야.

□ Today is Sunday.   오늘은 일요일이야.

□ I like Friday best.   난 금요일이 제일 좋아.

- Monday [mʌ́ndei] 월요일   · Tuesday [tjúːzdei] 화요일   · Wednesday [wénzdei] 수요일
- Thursday [θə́ːrzdei] 목요일   · Friday [fráidei] 금요일   · Saturday [sǽtərdèi] 토요일
- Sunday [sʌ́ndei] 일요일   · best [bést] 제일 좋은   · today [tədéi] 오늘
- What is [hwɑt iz]~?   ~은[는] 무엇입니까?

 우리말에 해당하는 영어표현을 쓰세요.

❶ 오늘 무슨 요일이니?

···▶
_____

❷ 난 금요일이 제일 좋아.

···▶
_____

Let's Play

● 아기에게 장난감을 찾아 주세요!

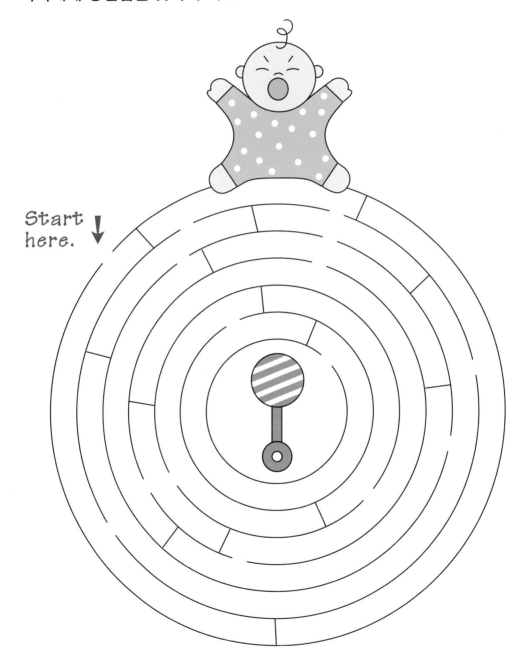

Start here. ↓

Let's Play

● 연을 통과해서 화살표 방향으로 나가 보세요!

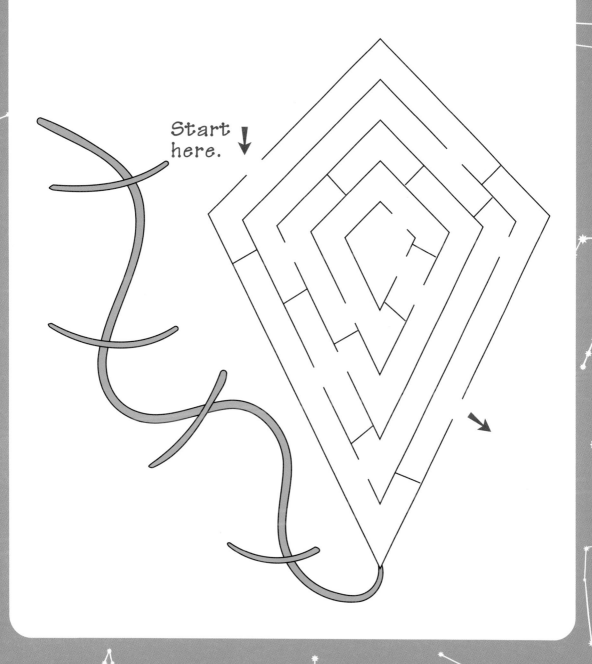

Start
here.

영어로나의이름쓰기

한글을 영어의 알파벳으로 바꿔 써 봐요!
한글 표기법이 있지만, 이름은 본인의 개성에 따라 약간
씩 다르게 표현할 수 있어요. 그리고 외국인은 이름을 쓸
때 성을 뒤에 쓴답니다. 우리 식으로 성을 앞에 써도 되지
만, 영어로 이름을 쓰면서 성을 뒤에 써도 틀린 것은 아니
에요. 한글 자음, 모음, 한글 각 글의 영어 표기에서 자신
의 이름을 찾아내어 영어로 바꿔 보세요.

 한글 모음을 알파벳으로 표기하면 ...

한글 자음을 알파벳으로 표기하면 ...

 한글을 영어로 표기하면 ...

사람 이름을 영어로 쓰기

 우리 가족 이름 영어로 쓰기

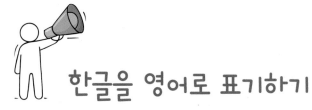

한글을 영어로 표기하기

1) 한글 모음을 알파벳으로 표기하면….

ㅏ	ㅑ	ㅐ	ㅒ	ㅓ	ㅕ	ㅔ	ㅖ
a	ya	ae	yae	eo	yeo	e	ye
ㅗ	ㅘ	ㅚ	ㅙ	ㅛ	ㅜ	ㅟ	ㅝ
o	wa	oe	wae	yo	u	wi	wo
ㅞ	ㅠ	ㅡ	ㅣ	ㅢ			
we	yu	eu	i	ui			

2) 한글 자음을 알파벳으로 표기하면….

ㄱ	ㄲ	ㅋ	ㄷ	ㄸ	ㅌ	ㅂ	ㅃ
g/k	kk	k	d/t	tt	t	b/p	pp
ㅍ	ㅈ	ㅉ	ㅊ	ㅅ	ㅆ	ㅎ	ㅁ
p	j	jj	ch	s	ss	h	m
ㄴ	ㅇ	ㄹ					
n	ng	r/l					

194

3) 한글을 영어로 표기하면….

가	야	거	겨	고	교	구	규	그	기
ga	gya	geo	gyeo	go	gyo	gu	gyu	geu	gi
나	냐	너	녀	노	뇨	누	뉴	느	니
na	nya	neo	nyeo	no	nyo	nu	nyu	neu	ni
다	댜	더	뎌	도	됴	두	듀	드	디
da	dya	deo	dyeo	do	dyo	du	dyu	deu	di
라	랴	러	려	로	료	루	류	르	리
la	lya	leo	lyeo	lo	lyo	lu	lyu	leu	li
마	먀	머	며	모	묘	무	뮤	므	미
ma	mya	meo	myeo	mo	myo	mu	myu	meu	mi
바	뱌	버	벼	보	뵤	부	뷰	브	비
ba	bya	beo	byeo	bo	byo	bu	byu	beu	bi
사	샤	서	셔	소	쇼	수	슈	스	시
sa	sya	seo	syeo	so	syo	su	syu	seu	si
아	야	어	여	오	요	우	유	으	이
a	ya	eo	yeo	o	yo	u	yu	eu	i
자	쟈	저	져	조	죠	주	쥬	즈	지
ja	jya	jeo	jyeo	jo	jyo	ju	jyu	jeu	ji

차	챠	처	쳐	초	쵸	추	츄	츠	치
cha	chya	cheo	chyeo	cho	chyo	chu	chyu	cheu	chi
카	캬	커	켜	코	쿄	쿠	큐	크	키
ka	kya	keo	kyeo	ko	kyo	ku	kyu	keu	ki
타	탸	터	텨	토	툐	투	튜	트	티
ta	tya	teo	tyeo	to	tyo	tu	tyu	teu	ti
파	퍄	퍼	펴	포	표	푸	퓨	프	피
pa	pya	peo	pyeo	po	pyo	pu	pyu	peu	pi
하	햐	허	혀	호	효	후	휴	흐	히
ha	hya	heo	hyeo	ho	hyo	hu	hyu	heu	hi

196

사람 이름을 영어로 쓰기

하신영	Ha	Sin	young	Ha Sin-young
김미란	Kim	Mi	lan	Kim Mi-lan
박은비	Park	Eun	bi	Park Eun-bi
최영란	Choe	Yeong	lan	Choe Yeong-lan

 우리 가족 이름 영어로 쓰기

나				
아빠				
엄마				
언니/누나				
오빠/형				
남자동생				
여자동생				

197

영어의 기초를 다져 주는
magic 시리즈

영어 우등생이 선택하는 Magic 시리즈

영어는 기초부터 튼튼하게 잘 배워야 해요. 처음에 재미있고 즐겁게 영어를 배우게 되면 흥미와 관심이 높아져서 실력이 쑥쑥 자라게 된 답니다.

아동 영어를 전문으로 연구하신 저자 선생님이 영어를 처음 접하는 초등학생이 꼭 알아야 할 기본 영단어, 문법, 회화 표현을 총정리하 여 영어의 기초를 다져 주는 Magic 초등 영어 시리즈를 펴냈어요.

책의 구성대로 알파벳부터 단어, 문장까지 익혀 나가면 영어에 자신 감이 생기고 더욱 흥미를 가지게 될 거예요.

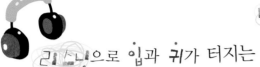

리스닝으로 입과 귀가 터지는 **초등**

영어 회화 36 개정판

English conversation

- 36개의 다양한 상황 대화들을 통해 일상 회화를 익힌다.
- 언어 습득의 첫 과정인 듣기(Listening)로 영어의 자신감을 키운다.

영어의 첫걸음은 듣기(Listening)로부터

- 특목고나 유학을 미리미리 준비하는 듣기 교재.
- TOEFL나 IBT 등 영어 능력 평가 시험 대비 교재.
- 네이티브 스피커가 녹음한 Mp3로 듣기 실력을 향상시킬 수 있는 교재.

1. **꼭 알아야 할 표현들** 다양한 상황에서 나올 수 있는 표현들을 익혀요.
2. **Listening Dialogue** 기본적인 대화 표현을 네이티브 스피커로 듣고 익혀요.
3. **기본표현** 실생활에서 가장 기본이 되는 표현들을 익혀요.
4. **Listening Test** 듣기 테스트를 통해 복습하고 피드백해요.

note